新时代智库出版的领跑者

国家智库报告 2022(32)
National Think Tank
经济

高质量建设综合交通运输体系

夏杰长 刘维刚 刘奕 等著

HIGH QUALITY CONSTRUCTION OF COMPREHENSIVE
TRANSPORTATION SYSTEM

中国社会科学出版社

图书在版编目(CIP)数据

高质量建设综合交通运输体系 / 夏杰长等著． —北京：中国社会科学出版社，2022.9

（国家智库报告）

ISBN 978-7-5227-0958-1

Ⅰ．①高… Ⅱ．①夏… Ⅲ．①综合运输—交通运输系统—建设—研究—中国 Ⅳ．①F512.4

中国版本图书馆 CIP 数据核字（2022）第 195444 号

出 版 人	赵剑英
项目统筹	王 茵 喻 苗
责任编辑	范晨星 周 佳
责任校对	赵雪姣
责任印制	李寡寡

出 版	中国社会科学出版社
社 址	北京鼓楼西大街甲 158 号
邮 编	100720
网 址	http://www.csspw.cn
发 行 部	010-84083685
门 市 部	010-84029450
经 销	新华书店及其他书店
印刷装订	北京君升印刷有限公司
版 次	2022 年 9 月第 1 版
印 次	2022 年 9 月第 1 次印刷
开 本	787×1092 1/16
印 张	13
插 页	2
字 数	125 千字
定 价	75.00 元

凡购买中国社会科学出版社图书，如有质量问题请与本社营销中心联系调换
电话：010-84083683
版权所有 侵权必究

摘要：中华人民共和国成立70多年来，交通运输作为国民经济发展的先导性、基础性和战略性产业，取得了非凡成绩。但以高效、安全、集约、绿色和智能以及各种运输方式融合衔接和立体互联的要求来看，中国综合交通运输体系建设还存在一些问题：发展不平衡、不充分问题依然比较突出；综合交通网络布局还不够均衡；各种交通运输方式衔接不够流畅；交通科技创新动能不足；交通与相关产业融合度较低；低碳绿色出行比重还有待提高；综合交通运输体制机制还有待完善。

本书围绕"高质量建设综合交通运输体系"这个议题，通过实地调研、查阅文献和利用公开数据等途径，客观评估了中国综合交通运输体系建设的成效和不足，展望了综合交通运输体系发展目标。在对美国、日本、德国和加拿大的国际经验进行总结的基础上，提出了可供中国借鉴的战略思路和政策启示。融合发展是综合交通运输体系的重要特征和趋势，本书重点剖析了交通与旅游融合发展问题，分析了交旅融合的理论机制和主要模式以及实施路径。随着数字经济时代来临，综合交通运输数字化和平台化现象备受关注，网约车就是交通运输数字化和平台化的产物，是综合运输体系数字化发展的新业态。顺应数字经济和平台经济规制政策转型，加强和改进网约车行业的治理和监管势在必行。

未来，要树立大交通、大创新、大平台的战略思维，以创新、协调、绿色、开放、共享新发展理念为引领，以加快综合交通运输管理体制改革创新为支撑，以安全可靠、便捷顺畅、经济高效、绿色集约和智能先进为主线，高质量建设综合交通运输体系，奋力开启交通强国建设新征程。

关键词：综合交通运输体系；交通强国；高质量发展；产业政策

Abstract: Over the past 70 years since the founding of the People's Republic of China in 1949, transportation, as a leading, basic and strategic industry for national economic development, has made extraordinary achievements. However, in terms of high efficiency, safety, intensive, green and intelligent, as well as the integration of various modes of transport and three-dimensional interconnection requirements, there are still some problems in the construction of comprehensive transport system in China: unbalanced development, inadequate problems are still relatively prominent; the layout of the integrated transport network is not balanced enough; the connection of various transportation modes is not smooth enough; the driving force of technological innovation in transportation is insufficient; transportation and related industries are less integrated; the proportion of low-carbon green travel still needs to be improved; comprehensive transportation system and mechanism has not been well straightened out.

Focusing on the topic of "high-quality construction of comprehensive transportation system", this book objectively evaluates the effectiveness and shortcomings of China's comprehensive transportation system construction through field research, literature review and public data, and looks forward to the development goals of comprehensive transportation system. Based on international comparison with the United States, Japan, Germany and Canada, it puts forward strategic ideas and policy implications for reference. Integrated development is an important feature and trend of the comprehensive transportation system, and this book focuses on the analysis of the integrated development of transportation, and analyzes the theoretical mechanism, main modes and implementation paths of transportation integration. With the advent of digital economy era, the phenomenon of digitalization and platformization of integrated transportation has attracted much attention, and online car-hailing is the product of this digitalization and platformization of transportation, which is the new business mode of digital development of integrated transportation system. In line with the digital economy and platform economy regulation policy transformation, it is inevitable to strengthen and improve the governance and supervision of the net car industry.

In the future, we should establish the strategic thinking of big transportation, big innovation and big platform, take the five development concepts of "innovative, coordinated, green, open and shared" as the guidance, accelerate the reform and innovation of comprehensive transportation management system as the support, take "safe, convenient, cost-effective, green and intelligent" as the main line, construct the comprehensive transportation system with high quality, and strive to open a new journey of building a strong transportation country.

Key Words: comprehensive transportation system, a country with strong transportation network, high-quality development, industrial policy

目 录

前 言 …………………………………………… (1)

一 相关概念与效应分析 …………………………… (1)
    （一）相关概念 …………………………………… (2)
    （二）综合交通运输的内涵和思路：
          两种不同观点 ……………………………… (10)
    （三）交通基础设施的经济效应：
          国际经验和中国事实 ……………………… (15)
    （四）交通基础设施促进经济增长的
          作用路径 …………………………………… (39)

二 发展历程和基础条件 …………………………… (42)
    （一）发展历程 …………………………………… (42)
    （二）基础条件 …………………………………… (46)
    （三）存在的问题 ………………………………… (54)

（四）发展趋势 …………………………………（62）

三 国际经验：比较与启示 …………………………（65）
（一）发达国家综合交通运输体系
发展经验 ……………………………………（65）
（二）比较与启示 ……………………………………（74）

四 综合交通运输融合化：交旅融合的视角 ……（82）
（一）引言 ……………………………………………（83）
（二）交旅融合高质量发展的理论机制 ……（88）
（三）交旅融合高质量发展的主要模式 ……（96）
（四）交旅融合高质量发展的实施路径 ……（102）
（五）人才培养引领交旅融合高质量
发展 ……………………………………………（109）

五 交通运输新业态及规制政策转型 …………（111）
（一）引言 ……………………………………………（111）
（二）网约车行业的发展现状 ………………（113）
（三）网约车行业的市场竞争格局及
成因分析 ……………………………………（120）
（四）网约车监管体系：概述与问题 ………（124）
（五）数字经济背景下优化交通行业治理的
原则：把握三个平衡 ……………………（130）

（六）优化网约车行业监管的政策建议 …… （134）

六 战略思路与对策建议 …………………… （142）
（一）政策回顾 ………………………… （142）
（二）战略思路 ………………………… （147）
（三）对策建议 ………………………… （153）

参考文献 ……………………………… （163）

前　言

中华人民共和国成立至今，中国的交通状况发生了翻天覆地的变化，综合经济实力持续增强。党的十八大以来，以习近平同志为核心的党中央准确判断国际国内形势，对新形势下的交通运输业高质量发展作出一系列重要部署。习近平总书记多次对交通运输工作和建设交通强国作出重要指示，这为我们加快构建现代综合交通运输体系提供了根本遵循。中华人民共和国成立以来，经过几代人的艰苦努力，我们已经从交通弱国转变成交通大国，在新的历史起点上推动建设交通强国具有非常重大的意义。2019年9月，中共中央、国务院印发的《交通强国建设纲要》指出，建设交通强国是以习近平同志为核心的党中央立足国情、着眼全局、面向未来作出的重大战略决策，是建设现代化经济体系的先行领域，是全面建成社会主义现代化强国的重要支撑，是新时代做好交通工作的总抓手。

经济要发展，交通要先行。世界经济发展和中国实践都验证了这个客观规律。长期以来，我们把交通运输当作国民经济发展的先导性、基础性和战略性产业优先发展，取得了非凡成绩。随着经济社会发展的飞速进步和人民群众对美好生活期待的不断提高，交通运输的规模扩张或粗放式增长不再是交通建设的突出诉求，我们期待的交通运输应该是高效、安全、集约、绿色和智能的，各种运输方式应融合衔接和立体互联。对比这个要求，中国综合交通运输体系还存在较大差距。比如，发展不平衡、不充分问题依然比较突出，综合交通网络布局还不够均衡，各种交通运输方式衔接不够流畅，交通科技创新动能不足，交通与相关产业融合度较低，低碳绿色出行比重较低，综合交通运输体制机制还没有很好地理顺。

在作出这些判断后，如何在借鉴国际经验的基础上，结合中国具体国情对症下药，探索推进中国综合交通运输体系建设的战略思路，提出有针对性的政策建议，并分析数字经济背景下综合交通运输体系创新发展及规制政策转型，改进对交通运输新业态的治理和监管，都有着重要的理论价值和现实意义。

本书围绕"高质量建设综合交通运输体系"这个重要议题，通过实地调研、查阅文献和利用公开数据等途径，客观评估了中华人民共和国成立以来综合交通运输体系建设的成效，并对存在的问题进行系统梳理，展望了综合交通运输体系的发展趋势，总结发达国家运用产业政策推进综合交通运输体系发展的有益经验。在此基础上，提出了我国综合交通运输体系产业政策的战略思路与对策建议，还就交通运输领域新业态的规制政策、治理监管作了许多新探索。

全书共分六部分。

第一部分围绕概念和效应，阐述了相关概念和交通基础设施经济效应。在这一部分，阐释了交通与运输、交通基础设施、多式联运、综合交通运输体系、产业政策和产业组织等基本概念，分析了综合交通运输体系的两种理解思路。以国际经验和中国实践，分析了交通基础设施和综合运输体系对区域经济增长、产业发展、商贸物流与市场体系建设等方面的积极作用，但也注意交通基础设施建设收益效应递减的可能。因此，需要以谨慎科学的态度来综合评估交通基础设施和综合交通运输发展的经济作用。

第二部分围绕发展历程和基础条件，阐释了我国综合交通运输体系发展历程、基础条件和存在的问题。中华人民共和国成立70多年来，中国交通运输体系逐渐发展和成熟，综合交通运输体系的发展大致可分为三个阶段：第一阶段（1950—2002年），认知探索期；第二阶段（2003—2012年），初步形成期；第三阶段

（2013年至今），基本成熟期。经过中华人民共和国成立70多年特别是改革开放40多年来几代人的艰苦努力，中国综合交通运输体系一体化融合发展，智能化、绿色化取得实质性突破，综合服务能力和运行效率以及经济社会效益均有明显提高，交通管理体制机制也不断完善。这些来之不易的成就，都是我们推进交通强国建设和现代综合运输体系高质量发展的坚实保障。

第三部分围绕综合运输体系的国际经验进行比较研究，寻找可借鉴的政策启示。大多数发达国家形成了较为成熟的综合交通运输体系，许多经验值得我国借鉴。在总结美国、日本、德国、加拿大等发达国家综合交通运输发展经验的基础上，提炼了对我们的政策启示：继续深化交通运输大部门体制改革，完善综合交通运输法律法规和标准体系，实施多式联运发展战略，促进城市综合交通发展，实现各类运输方式数据资源互联互通。

第四部分以交旅融合为例，探索综合交通运输体系融合化这一新现象。交旅融合是实现交通功能旅游化、旅游交通便捷化和交旅产品共享化的重要方式，也是突破"核心—边缘"发展模式的有效途径，更是激活各类旅游资源的现实通道。在新发展阶段下，交旅不仅要实现深度融合，更要实现高质量发展。中国交旅融合取得了不俗成绩，但仍处在初步探索的阶段，且面临不少问题。为此，本部分深入探讨交旅融合高质量发展的理论机制，并从交通服务设施、交通道路、运输工具、融合主体四个角度出发总结交旅融合高质量发展的主要模式，进而从体制、资源、产品、科技、服务、人才六个方面提出交旅融合高质量发展的实施路径。

第五部分围绕交通运输新业态及规制政策转型问题深入探索。在数字经济与实体经济深度融合的浪潮下，对于综合交通运输体系建设而言，数字化转型是实现"人享其行、物优畅流"的关键所在。网约车是交通运输产业和新技术结合产生的重要新业态之一，也是共享经济领域成功的商业模式创新。网约车满足了人民群众对美好生活的向往和消费升级需求，在受到消费者热烈追捧的同时，也使得现行的监管体系面临着全方位挑战。本部分以网约车为例，在回顾行业发展现状、系统分析市场竞争格局及政策成因的基础上，探索数字化背景下综合交通运输体系发展面临的新问题，并对规制政策转型提出相应的政策建议。政府治理应摒弃监管手段上的路径依赖，准确把握三个平衡，即网络效应同属地化管理的平衡、因地制宜同地方保护的平衡、简政放权同地方监管权限的平衡，以破解交通出行数字化领域规制"一管就死、一放就乱"的监管困境，为综合交通体系数字化发展助力。

第六部分围绕战略思路与对策建议进行深入研究。在这一部分，先回顾了我国综合交通运输体系的产业政策。改革开放以来，交通运输领域的政策颁布了不少，但以综合运输为主题的政策较少，更多的是专项政策、规划文件等，部分内容涉及综合运输。这充分说明了综合交通运输产业政策制定势在必行，政策创新研究很有必要。这也是本书研究的目标和意义所在。未来，要树立大交通、大创新、大平台的战略思维，以"创新、协调、绿色、开放、共享"新发展理念为引领，以加快综合交通运输管理体制改革创新为支撑，以"安全可靠、便捷顺畅、经济高效、绿色集约、智能先进"为主线，高质量建设综合交通运输体系，奋力开启交通强国建设新征程。

本书的写作由夏杰长、刘维刚和刘奕牵头，广东金融学院陈秀英副教授、中国社会科学院大学博士研究生熊琪颜和北京第二外国语学院硕士研究生刘怡君执笔部分内容。书稿完成后，夏杰长研究员对全书进行了修改和统稿。具体分工如下：前言（夏杰长），第一部分（刘维刚、熊琪颜），第二部分（刘维刚、夏杰长），第三部分（陈秀英），第四部分（夏杰长、刘怡君），第五部分（刘奕），第六部分（夏杰长、刘维刚、刘奕）。综合交通运输体系研究，学术性、专业性都很强，研究跨度也较大，我们的研究有不少不尽完善之处，请大家批评指正。

关于这个领域的研究，我们得到了交通运输部政策研究室、交通规划研究院和交通科学研究院等单位的业界专家的许多指导，也得到了中国社会科学院工业经济研究所、财经战略研究院的领导和专家的指导。对他们的专业付出，我们表示由衷感谢！也恳请业界专家和读者朋友对我们的研究批评指正，帮助我们把综合交通运输体系的研究推向更高水平，为交通强国建设贡献智慧和力量。

2022 年 4 月 15 日于北京

一 相关概念与效应分析

纵观世界交通运输产业发展历程，综合运输或综合交通运输是人们因经济发展和生活质量提升而追求更高质量交通服务产生的一种科学运输模式。它的基本要求是消耗最小的社会资源建设运输系统，以满足运输需求，或者以最低的运输成本完成运输活动。由此可见，"综合交通运输"是交通运输产业的集约化发展阶段，通过发挥不同运输方式的优势，在促进资源有效利用、节约能源和减少环境污染等方面发挥极为重要的作用，逐渐成为当前世界主流的运输模式。但由于各国交通基础设施、经济发展水平等存在较大差异，综合运输理论尚存在较多分歧，而交通运输产业的自然垄断涉及多种兼具竞合关系的运输方式。本部分旨在阐释与本书主题（综合交通运输体系产业政策）相关的基本概念，并从国际视野和中国事实剖析综合交通运输发展的经济效应。

（一）相关概念

1. 交通与运输

交通是指将人或物进行空间场所的位移，从专业角度来说，是指交通工具在运输网络上的流动。运输是指人或物借助交通工具的载运产生有目的的空间位移，借助公共运输线路及其设施和运输工具，为实现人或物的位移所进行的经济活动和社会活动。[①] 交通与运输反映的是同一过程的两个方面，同一过程就是运输工具在运输网络上的流动，两个方面是交通与运输关心的侧重点不同。交通强调的是运输工具在运输网络上的流动情况，而与交通工具上所载运的人员和物资的多少没有关系，运输则相反，强调的是运输工具上载运的人员与物资量以及位移的距离，并不关心所使用的运输工具。[②]

2. 交通基础设施

基础设施是为社会生产和居民生活提供公共服务的物质工程设施，是保障国家或者地区的社会经济活动正常运行的公共服务系统，是社会赖以生存发展的

[①] 杨浩：《交通运输概论》，中国铁道出版社2009年版。
[②] 沈志云：《交通运输工程学》，人民交通出版社2003年版。

一般物质条件。① 完善的基础设施既能提高人民幸福生活水平，还能促进国民经济持续健康发展。交通基础设施是基础设施的重要组成部分，是进行交通运输活动的前提，涵盖了区域内和区域间的所有交通资源。按照中国国家运输系统的构成，狭义的交通基础设施可分为铁路交通运输、道路交通运输、水路交通运输、空中交通运输和管道运输五类基础设施。广义的交通基础设施是为货物运送和旅客出行，为物质生产又为人民生活提供一般条件的物质载体和公共设施，是能够为民众日常出行活动和企业生产经营活动提供通道辅助功能的交通运输复杂系统，是能够满足要素自由流动需求的物质公共资源。②

交通基础设施对推进国民经济社会可持续发展极为重要，有如下重要特征。

第一，经济先导性。先导产业是指在国民经济体系中占据重要战略地位，在国民经济规划中率先发展，引导其他产业向特定战略目标发展的产业或产业群。交通基础设施可以为服务、贸易等其他产业的发展提供基础性便利，而且某国家或地区的交通基础设施发展程度，可以反映出该地区的经济发展水平，因此，

---

① 唐建新、杨军：《基础设施与经济发展：理论与政策》，武汉大学出版社2003年版。
② 杨立波、刘小明：《交通基础设施及其效率研究》，《道路交通与安全》2006年第6期。

它具有经济先导性的特征。[①] 一些欧美发达国家，在早期就十分注重交通基础设施的建设，以促进经济增长。从相关的经验来看，经济的发展水平在一定程度上受到交通基础设施发展程度的制约，当交通设施条件适当领先于经济社会发展时，会促进经济发展；反之，如果设施条件滞后，则会阻碍经济发展。所以，许多国家都将交通基础设施建设作为干预经济的有效手段之一，通过加快交通设施建设步伐，推动产业结构调整升级，规划构建区域交通运输网络，解决就业不足的问题，增强国内需求从而刺激经济发展。中国也非常重视交通基础设施的建设，取得了不俗的成就。交通基础设施在促进经济增长、引导物流商贸和旅游业发展等方面的先导角色不可替代。

第二，网络性。单条的公路、铁路、水路等基础设施往往不能达到交通运输的目的，不仅运营成本非常高，而且运转效率非常低，不能满足日益增长的社会需求，所以交通基础设施之间必须互有联系，能够将各经济单元联结起来，形成纵横交错的交通网络，才能促使区域经济融合聚集。在交通网络结构中，城市、乡镇等地点构成相应的"点"，各个交通要道构成相应的"线"，不同的区域构成相应的"面"，点、

---

① 胡伟：《交通运输与经济发展的良性互动》，《北方交通》2010年第8期。

线、面的组合形成了立体网络，将本来分散的空间单元有机结合在一起，不仅打通了受到空间范围限制的交通运输，还串联起了各经济单元的经济活动，促进区域间的要素流动形成产业集群，有利于优化市场资源配置，实现了交通与经济之间的交融统一。[1]

第三，空间外部性。公共物品具有非竞争性和非排他性，是为全体社会成员所提供的可以共同享用的物品。[2] 建设交通基础设施的资金耗费量较大，一般都是由政府出资建造，因此本质上交通基础设施也属于公共物品之列。公共物品一般都有外部性的特点，交通设施也不例外。从产业结构方面来看，交通基础设施降低企业的运输成本和居民的出行成本，给公众带来极大便利性，这属于产生了正外部性；但设施的建设耗费大量人力和物力成本，给环境带来污染，属于产生负外部性。但与一般物品的外部性不同，交通基础设施还具有空间外部性。由于交通基础设施具有网络性的特点，所以将区域经济整合为一个整体，内部互通有无，资金、技术、人才都在不同的区域间多向流动。如果一个地区经济比较发达，交通基础设施会加强要素之间的集聚效应，呈现出就业增多、收入提

---

[1] 姜文仙：《区域经济增长溢出效应的传输途径：一个分析框架》，《发展研究》2014年第9期。

[2] 高鸿业：《经济学基础》，中国人民大学出版社2016年版。

高、经济增长的正空间外部性；相反，如果一个地区经济比较落后，过度吸收周边地区的要素流动，可能会加剧"虹吸效应"，使地区间的差距越来越大，呈现出负的空间外部性。如果将一个地区扩展到多个地区，由多个地区组成的一个区域内，总的正空间外部性大于负空间外部性，则这个区域的外部性就是正，反之为负外部性。①

第四，投资沉淀成本高、投资专用性强。与普通产品的生产周期不同，交通基础设施的建设资金投入量大，工程周期长，并且只有在达到一定规模之后才能发挥实际作用。在建设周期结束后，一般在未来很长时间内都不会改变其提供的运输服务，所以投资专用性很强。再者，交通基础设施不能进行交易，无法实现价值互换，而且地理位置固定性强，所以投入使用后所产生的收益主要是社会收益，仅在一些特定的条件下才可能产生财务收益，相对于投资，收益的收回过程非常漫长，所以投资沉淀成本高。

3. 多式联运

多式联运的概念可追溯到1980年的《联合国国际货物多式联运公约》，其中把国际多式联运定义为

---

① 李天籽、王伟：《网络基础设施的空间溢出效应比较研究》，《华东经济管理》2018年第12期。

"按照多式联运合同，以至少两种不同的运输方式，由多式联运经营人将货物从一国境内接管货物的地点运至另一国境内指定交付货物的地点"。国际多式联运定义在国内同样适用，这意味着多式联运的问题本质上是多种运输方式高效衔接的问题。

多式联运可有效打破运输方式壁垒，优化物流运力、运输流程，有效提升物流效率。当运输量一致时，多式联运可以实现规模经济，降低单个货物单位的运输成本，从而降低每吨货物的运输成本。以"环渤海鲁辽公铁水滚装联运"项目为例，通过公水联运，将烟台与大连的运输距离从1500千米缩短至165千米，可为用户节省运输成本约20%，提升时效近12个小时。相较于公路运输，铁路运输和水运运量更大、能耗更低。在运输中适当提高铁路运输和水运占比，能够有效降低交通运输中的碳排放。

2021年12月，国务院办公厅印发了《推进多式联运发展优化调整运输结构工作方案（2021—2025年）》，旨在通过大力发展多式联运，推动各种交通运输方式深度融合，进一步优化调整运输结构，提升综合运输效率，降低社会物流成本，促进节能减排降碳。提升多式联运的主要路径是完善多式联运骨干通道，加快货运枢纽布局建设，健全港区、园区等集疏运体系，这需要创新多式联运组织模式，包括丰富多式联运服务产品、培育多式联运市场主体、推进运输服务规则衔接、加大信息资源共享力度。

4. 产业政策

产业政策是一国根据国民经济的内在要求，为提高产业素质，调整产业结构，从而调整供给结构和总量所采取的政策和措施的总和。最直接的问题是，产业政策是否能够促进经济发展。各国经济发展过程中都采取了针对不同产业的不同程度和不同方式的产业政策，整体来讲中国的产业政策是积极有效的，促进了经济发展。[①] 刘鹤和杨伟民专门论述了中国产业政策的决策、产业结构政策、地区经济发展及政策、中国城市化道路的选择、中国产业组织及企业改革等。[②] 顾强提出可以从政策要素、产业功能、产业发展阶段、政策手段四个方面理解产业政策。政策要素主要是指产业技术政策、产业组织政策、产业空间政策、产业援助政策；产业功能包括有选择性产业政策、功能性产业政策和竞争性产业政策；产业发展阶段包括竞争前政策、幼稚产业保护、支柱产业政策、衰退产业援助等阶段；政策手段包括准入管制、财税激励、市场

[①] E. Liu, "Industrial Policies in Production Networks", *The Quarterly Journal of Economics*, No. 134, 2019.

[②] 刘鹤、杨伟民：《中国的产业政策：理念与实践》，中国经济出版社1999年版。

管制、金融服务、标准法规、贸易政策等。①

中国交通基础设施建设和发展离不开相关产业政策的支持，以高速公路为例，1984年第一条高速公路开工至2020年年底，中国大陆高速公路的通车总里程达16.1万千米。在这一发展历程中，国家关于交通的相关政策起到了至关重要的作用。同样地，中国高速铁路的发展离不开相关政策的支持。虽然中国陆海空交通取得了显著的跨越式发展，但综合交通网络布局不够均衡、结构不尽合理、衔接不够顺畅，重点城市群、都市圈的城际和市域（郊）铁路存在较明显短板。2021年年底，国务院印发了《"十四五"现代综合交通运输体系发展规划》，为中国"十四五"及其以后综合交通运输体系构建以及出台相关具体政策提供了纲领性指导。

5. 产业组织

产业组织是经济学的一个领域，研究企业的战略行为、监管政策、反托拉斯政策与市场竞争，是微观经济学中的一个重要分支。Holmstrom 和 Tirole 提出了两个重要问题：为什么企业会存在，企业的业务规模

---

① 顾强：《中国产业政策：回顾、反思与前瞻》，中国人民大学国家发展与战略研究院，2018年。

和范围是什么?① 对这两个问题的回答构成了产业组织经济学的基础。最重要的是,产业组织关注的是市场和产业如何通过考虑现实世界的复杂因素相互竞争,例如政府干预市场、交易成本、进入壁垒等。研究产业组织的经济学家和其他学者试图加深对产业运作方式的理解,提高产业对经济福利的贡献,并改善政府对这些产业的政策。产业组织的定义强调市场互动,如价格竞争、产品投放、广告、研发等。

综合交通运输发展涉及高质量综合立体交通网、城乡区域协调发展、城市群和都市圈交通现代化、优质运输服务供给、智能技术深度推广应用、绿色低碳转型、高水平对外开放合作、现代化治理能力等方面,这些方面对市场结构具有较大影响。特别是在构建统一大市场的背景下,如何通过综合交通运输建设推动市场一体化构建、优化市场结构、提升社会福利,显得尤为重要。

(二)综合交通运输的内涵和思路:两种不同观点

综合交通运输这个概念一直没有统一的定义。国

---

① B. R. Holmstrom, J. Tirole, "The Theory of the Firm", *Handbook of Industrial Organization*, No.1, 1989.

内外学者根据自身研究需要，大体可以分为两类：一种侧重"综合"，强调各运输方式的整合及衔接，这主要包括20世纪50年代苏联提出的以政府干预为主要手段的综合机构管理体制，以及欧美国家在20世纪80—90年代开始关注的一体化运输方式；另一种则侧重"运输"，强调综合交通运输的本质是提供实现人与物的空间位移的运输服务。这是两种不同的理解，其发展思路也不一样。我们不妨做一个比较。

1. 侧重"综合"的两种交通运输发展思路比较

根据"综合"的不同释义，第二次世界大战后形成两种综合交通运输的发展思路（见表1-1）。其中，以苏联、中国为代表的交通基础设施较为薄弱的国家，将综合运输翻译为"comprehensive transport"。这一认识主要源自20世纪50年代苏联提出的以政府干预为主要手段的综合机构管理体制，即通过成立一个综合机构对涉及多种运输方式的运输问题进行管理，以期实现运输通道或网络按比例协调发展。该种认识下的"综合运输"政策主要通过对既有铁路、公路、水运、航空和管道分业管理体制进行调整，但并不包括城市交通领域，因而在过去很长时期内并未成为重要的政策方向，且政策争论的焦点主要集中在中国运输业的发展是继续坚持铁路为骨干，还是五种运输方式综合发展。①

而欧美国家自20世纪80—90年代开始，将"综合"的关注重点放在"密切协调、完整统一"的一体化运输（integrated transport），即以解决连接性和多式联运问题为首要目标的全程、无缝、连续运输过程，以及实现这种过程的经济、技术和组织系统。例如，欧盟提出综合运输着眼于运输系统整体效率的提升，通过将各种运输方式整合到"门到门"的运输链中，以充分发挥各自内在的经济特性和运营特性。由于综合运输及其体系是相对复杂动态的大系统，越来越多的研究表明从某一单方面解读"综合"，难以全面解读其深层次意义。由此，"综合交通运输"概念进一步泛化，除了要解决不同运输方式之间的合理分工问题，其他涉及运输业的重要社会问题也被赋予"综合交通运输"概念，诸如加快运输基础设施建设、促进交通信息技术进步、优化土地开发和城市空间布局规划，加强环境保护和可持续发展、促进社会和谐公平以及更多公众参与等。赋予"综合交通运输"更多含义，有利于人们更系统全面地了解交通运输问题的复杂性，从而提出更合理的多方面配套的针对性解决方案。但在实际工作中，由于承

---

① 郭小碚：《加强综合运输体系建设　推动内陆地区发展和开放》，《大陆桥视野》2014年第6期。

载过多含义和要求过高，缺乏具体衡量指标的"综合交通运输"难以把控，多年来政策措施成效不大。

表1-1　第二次世界大战后两种综合交通运输发展思路对比

英文释义	基础条件	发展重点	管理体制	发展目标
comprehensive transport	新兴的计划经济制度国家：交通基础设施严重匮乏或比较落后	构建分工合理、相互配合的运输系统	政府计划与指挥主导的分业管理体制	运输布局最优化和运输过程的紧密衔接
integrated transport	发达的市场经济国家：较为完善及先进的运输设施系统	运输服务	宽松的市场化运输管制	提供可靠、高效、普遍的运输服务

资料来源：笔者根据相关资料整理。

2. 侧重"运输"的发展思路

也有学者指出，综合交通运输的本质在于提供实现人与物的空间位移的运输服务，实现交通运输资源的优化配置。由于运输包括各种运输方式，并无综合不综合的区分，其政策出发点应侧重于"运输"而不在"综合"，从资源配置的角度实现各种运输方式合理分工、有效协作，以提供最大化满足需求、最有效率的运输服务。由于运输需求具有多样性和异质性，任何形式的运输服务均有可能符合综合运输的本质特征，即以最恰当的运输方式最大限度地满足社会经济发展所提出的运输需求。因此，与以前被人为分割的各种运输方式分业管理体制不同，政府及其管理部门视角下的综合运输政策更多的应是向交通运输本质回归，并不以单一运输过程究竟由多少种运输方式来完成为标准，而是以整个运输过程是否基于综合运输体系现实即符合自身效益最大化为原则来考虑具体的综合交通运输的内涵。

综上所述，借鉴荣朝和、谭克虎对综合运输概念[①]的阐述，结合《"十四五"现代综合交通运输体系发展规划》《"十三五"现代综合交通运输体系发展规划》等文件有关内容，主要从狭义和广义上来理解综合交通运输的概念和内涵。从狭义上看，综合交通运输是指综合集成各种运输方式与系统的功能，一体化高效率完成人与货物的空间位移，其中多式联运和一体化运输是综合交通运输的核心内容；从广义上看，综合交通运输是交通运输系统内各组成部分之间，以及交通运输系统与其外部环境之间形成一体化协调发展的状态。由此可见，综合交通运输是实现一体化交通运输的设施、技术、经济和制度系统，其内涵主要包括五个方面：（1）基础设施网络的衔接；（2）技术装备、技术标准的衔接统一；（3）运输服务的融合发展；（4）运输企业与组织的服务集成；（5）交通运输管理体制的综合政策化。此外，综合交通运输还应考虑的外部环境包括：

---

① 荣朝和、谭克虎：《综合运输：到了从制度层面根本解决的时刻》，《综合运输》2008 年第 1 期。

(1) 经济结构与区域城市空间结构；(2) 自然资源与生态环境；(3) 经济、政治与文化体制。

（三）交通基础设施的经济效应：国际经验和中国事实

1. 国际经验

交通基础设施建设以及在此基础上发展起来的综合交通运输把不同的城市或乡村连接，形成了综合立体交通网络，将直接降低物流成本，影响企业决策，进一步影响产业结构，最终影响当地经济增长。Redding 和 Turner 综述了有关经济活动空间分布与运输成本之间关系的理论和实证文献，介绍了欧洲、美洲、印度等交通基础设施建设的相关研究。[①]

（1）欧洲

Berger 和 Enflo 研究了铁路修建 150 年来对瑞典城市增长的影响，发现尽管铁路连接了几乎所有城镇，但没有证据发现人口趋同。[②] Coşar 和 Demir 以土耳其

---

① S. J. Redding, M. A. Turner, "Transportation Costs and the Spatial Organization of Economic Activity", *Handbook of Regional and Urban Economics*, No. 5, 2015.

② T. Berger, K. Enflo, "Locomotives of Local Growth: The Short and Long-Term Impact of Railroads in Sweden", *Journal of Urban Economics*, No. 98, 2017.

2000年大规模道路公共投资为研究对象,发现国内基础设施投资有助于地区联通国际市场。[①] Heuermann和Schmieder使用德国高速铁路网络检验地区间通勤时间减少对工人通勤决策及其居住和工作选择的因果影响,发现旅行时间减少1%,区域间通勤人数增加0.25%,即有基础设施投资的收益尤其会累积到周边地区。[②] Holl估计了高速公路对西班牙企业生产率的影响,发现公路直接提高了企业的生产率水平,但公路效益在各个部门和空间中分布不均。[③] Gibbons等考察了英国新道路基础设施对就业和生产率的影响,发现新的交通基础设施吸引了交通密集型企业来到某个地区,但也给现有企业的就业带来了一些成本。[④]

(2) 美洲

Allen和Arkolakis把交通拥堵纳入一般均衡空间框架,评估了基础设施改进的福利效应,发现美国高速公路网络中不同环节的投资回报高度可变,明确基础

[①] A. K. Coşar, B. Demir, "Domestic Road Infrastructure and International Trade: Evidence from Turkey", *Journal of Development Economics*, No. 118, 2016.

[②] D. F. Heuermann, J. F. Schmieder, "The Effect of Infrastructure on Worker Mobility: Evidence from High-Speed Rail Expansion in Germany", *Journal of Economic Geography*, No. 19, 2019.

[③] A. Holl, "Highways and Productivity in Manufacturing Firms", *Journal of Urban Economics*, No. 93, 2016.

[④] S. Gibbons et al., "New Road Infrastructure: the Effects on Firms", *Journal of Urban Economics*, No. 110, 2019.

设施投资目标至关重要。① 美国铁路的修建提升了市场可达性，提升了土地价值。② Fajgelbaum 和 Redding 利用 19 世纪末阿根廷融入世界市场的自然实验，开发了一个跨区域和部门的经济活动分布的定量模型，发现更容易进入世界市场的地区人口密度更高，非贸易部门的就业份额更高，非贸易商品的相对价格更高，土地价格相对工资更高。③ Martincus 等考察了秘鲁公路项目对企业贸易的影响，结果表明运输基础设施的改善有利于企业的出口，从而对企业的就业增长产生了显著的积极影响。④

(3) 非洲

Storeygard 研究了城市间运输成本在影响撒哈拉以南非洲城市收入中的作用。⑤ 其特别关注港口附近

---

① T. Allen, C. Arkolakis, "The Welfare Effects of Transportation Infrastructure Improvements", National Bureau of Economic Research, 2019.

② D. Donaldson, R. Hornbeck, "Railroads and American Economic Growth: A 'Market Access' Approach", *The Quarterly Journal of Economics*, No. 131, 2016.

③ P. D. Fajgelbaum, S. J. Redding, "External Integration, Structural Transformation and Economic Development: Evidence from Argentina 1870 – 1914", *Social Science Electronic Publishing*, No. 40, 2014.

④ C. V. Martincus, J. Carballo, A. Cusolito, "Roads, Exports and Employment: Evidence from a Developing Country", *Journal of Development Economics*, No. 125, 2017.

⑤ A. Storeygard, "Farther on Down the Road: Transport Costs, Trade and Urban Growth in Sub-Saharan Africa", *The Review of Economic Studies*, No. 83, 2016.

的城市，发现 2002—2008 年的石油价格大幅上涨，导致港口附近城市的收入相对于 500 千米以外的其他相同城市增加了 7%。城市之间的路面不同，影响也不同。通过铺砌道路与港口相连的城市主要受港口运输成本的影响，而通过未铺砌道路与港口相连的城市受与次要中心相连的影响更大。Jedwab 和 Moradi 利用加纳和非洲其他大部分地区殖民地铁路的修建和最终消亡来研究交通投资对穷国的影响，发现铁路对殖民时期的经济活动分布有很大影响，这些影响一直持续到今天，尽管独立后铁路崩溃，公路网大幅扩张。[①] 因此，初期交通投资可能会对穷国产生巨大影响。随着国家的发展，不断增加的回报巩固了它们的空间分布，随后的投资可能产生较小的影响。

（4）印度

Donaldson 基于印度殖民时期的铁路修建研究了基础设施建设对经济的影响，基础设施建设可以降低贸易成本，从而降低地区间产品差价，增加地区间和国际贸易，增加收入。[②] Aggarwal 发现印度农村

[①] R. Jedwab, A. Moradi, "The Permanent Effects of Transportation Tevolutions in Poor Countries: Evidence from Africa", *Review of Economics and Statistics*, No. 98, 2016.

[②] D. Donaldson, "Railroads of the Raj: Estimating the Impact of Transportation Infrastructure", *American Economic Review*, No. 108, 2018.

开通公路后，农业生产率提升，反而激励青少年辍学加入劳动力大军。[1] Asher 和 Novosad 进一步评估了印度的农村基础设施项目的影响，交通基础设施建设激励劳动力脱离农业劳动，但对农业的产出和收入影响不大。[2] 乡村企业中的就业扩张较小，偏远地区的经济发展机会仍然较少。Alder 使用一般均衡模型估计了印度高速公路对地区经济的效应，发现高速公路的确促进了经济增长，但是地区间增长不平衡。进一步地，如果印度采取中国交通基础设施建设的策略，则收益更大。[3] Ghani 等分析了印度交通基础设施对制造活动的组织和效率的影响，印度升级的中央公路网与沿线的制造业活动增长不成比例。进入者和在位者都促进了产出增长，其中进入者之间的规模化非常重要。升级促进了网络沿线更好的产业分类，并提高了产业的配置效率。[4]

---

[1] S. Aggarwal, "Do Rural Roads Create Pathways out of Poverty? Evidence from India", *Journal of Development Economics*, No. 133, 2018.

[2] S. Asher, P. Novosad, "Rural Roads and Local Economic Development", *American Economic Review*, No. 110, 2020.

[3] S. Alder, "Chinese Roads in India: The Effect of Transport Infrastructure on Economic Development", Meeting Papers Society for Economic Dynamics, 2016.

[4] E. Ghani, A. G. Goswami, W. R. Ker, "Highway to Success: The Impact of the Golden Quadrilateral Project for the Location and Performance of Indian Manufacturing", *The Economic Journal*, No. 126, 2016.

2. 中国事实

（1）公路的影响

自改革开放以来，中国的公路基础设施建设突飞猛进，取得了日新月异的成绩。1981年，国务院授权印发了《国家干线公路网（试行方案）》，制订了国家干线公路的规划，20世纪80年代末期，国家干线公路网初步建成。但这些干线公路东部以一级和二级为主，而中西部以二级和二级以下公路为主。1992年，交通部制订《"五纵七横"国道主干线系统规划》，国道主干线于2007年基本建成。为了适应经济发展的需要，高速公路建设迫在眉睫。2004年，国家发改委印发《国家高速公路网规划》，规划了"7射、9纵、18横"共34条路线，称为"7918网"。2013年，国家发改委印发了《国家公路网规划（2013年—2030年）》，国家干线公路由1981年规划的"12射、28纵、30横"扩至"12射、47纵、60横"共119条路线，高速公路扩至"7射、11纵、18横"共36条路线。国家干线公路和高速公路的建设和使用对中国经济腾飞发展起到至关重要的作用，诸多学者以此为研究对象，深入剖析了公路对经济发展的影响以及相关作用渠道。

第一，公路的发展提升了企业生产率，促进了区域经济发展。交通基础设施的改善对县域经济的发展起到重要的作用,产业增加值、总产值、工业销售产值、从业人数、投资规模和税收收入都有较明显的增长。① 中国的交通基础设施建设还有效降低了国内贸易成本,促进了国内市场一体化,带来产业间以及产业内的资源重新配置,提升了中国企业生产率。② 刘秉镰等的研究发现交通基础设施对中国的全要素生产率有显著的正向影响,高速公路和二级公路基础设施的带动作用最明显。③ 交通基础设施对中国经济增长有显著的正向促进作用,对区域经济发展具有重要影响,特别是西部地区交通基础设施的快速发展有助于中东部的发展趋同。④ 交通基础设施改善促进了区域贸易,交通基础设施越发达,边界效应越低,有助于促进区域经济一体化。⑤ 高速公路不仅便利了商品的运输,同时也有利于劳动要素的流动。高翔等基于2008年第二次

---

① 刘冲、刘晨冉、孙腾:《交通基础设施、金融约束与县域产业发展——基于"国道主干线系统"自然实验的证据》,《管理世界》2019年第7期。

② 刘冲、吴群锋、刘青:《交通基础设施、市场可达性与企业生产率——基于竞争和资源配置的视角》,《经济研究》2020年第7期。

③ 刘秉镰、武鹏、刘玉海:《交通基础设施与中国全要素生产率增长——基于省域数据的空间面板计量分析》,《中国工业经济》2010年第3期。

④ 刘生龙、胡鞍钢:《交通基础设施与经济增长:中国区域差距的视角》,《中国工业经济》2010年第4期。

⑤ 刘生龙、胡鞍钢:《交通基础设施与中国区域经济一体化》,《经济研究》2011年第3期。

经济普查企业数据和县级高速公路数据，发现高速公路连接的服务业企业劳动生产率更高，可贸易服务业受到的影响更大，人口规模和产业多样性方面具有优势的大城市的可贸易服务业竞争力更强，从交通基础设施改进中获利更多。[①] 徐明和冯媛以"五纵七横"国道主干线建设为研究对象，发现国道建成之后会使得生产资源从县域企业向大城市企业流动，流动的过程中受技术要素、资本要素等影响，劳动密集型企业的流动积聚效应更强，重工业、资本和技术密集型企业相对较弱。[②]

第二，公路的发展促进了资源配置优化与市场一体化。李兰冰等发现高速公路对非中心城市制造业具有显著的生产率溢价效应，能够通过生产率溢价引致的成本路径以及定价能力引致的价格路径共同推动市场势力的提升。[③] 伴随着生产率与市场势力水平的提高，生产率离散度与市场势力离散度趋向降低，高速

[①] 高翔、龙小宁、杨广亮：《交通基础设施与服务业发展——来自县级高速公路和第二次经济普查企业数据的证据》，《管理世界》2015年第8期。

[②] 徐明、冯媛：《大规模交通基础设施建设与县域企业生产率异质性——来自"五纵七横"国道主干线的经验证据》，《经济学》（季刊）2021年第6期。

[③] 李兰冰、阎丽、黄玖立：《交通基础设施通达性与非中心城市制造业成长：市场势力、生产率及其配置效率》，《经济研究》2019年第12期。

公路通达性对非中心城市制造业资源配置效率优化的促进作用显著。交通基础设施的一个重要功能是促进国内市场一体化，拓展市场可达性。吴群锋等发现国内市场一体化会显著提升企业的出口概率和出口额。[①] 市场一体化降低了企业所在行业的临界出口生产率水平，并促进了既有出口产品的出口市场扩张。对于生产率高的企业、初始具有比较优势的行业，交通基础设施扩张的出口促进作用更大，表明国内市场一体化对于有发展能力和潜力的企业和行业具有更大的促进效果。交通基础设施建设降低厂商运输成本，提升市场一体化程度，扩大市场规模，但与此同时也加剧了企业之间的竞争。市场规模扩大和市场竞争加剧会通过多渠道影响经济增长，主要包括市场规模扩大吸引高效企业进入市场、竞争加剧淘汰低效企业、资源再配置等。张天华等的研究发现，中国1998—2007年修建的高速公路能够提升企业生产率，以及促进企业进入市场，并降低退出市场的概率。[②] 对于整个区域经济增长方面，高速公路主要是通过提升在位企业的生产率促进经济增长，资源再配置、企业进入和退出渠道发挥的作用有限。

[①] 吴群锋、刘冲、刘青：《国内市场一体化与企业出口行为——基于市场可达性视角的研究》，《经济学》（季刊）2021年第5期。
[②] 张天华、陈力、董志强：《高速公路建设、企业演化与区域经济效率》，《中国工业经济》2018年第1期。

第三，公路的发展激励了企业出口，库存降低等优化生产决策调整。国道建设会降低产品运输到港口的物流成本，促进企业出口。白重恩和冀东星发现中国1998—2007年大规模建设的国道主干线促进了出口，与国道主干线连接的地区、与国道主干线距离近的地区有更高的出口额增长率。[1] 交通基础设施条件的显著改善促进了中国的中小企业参与到亚洲区域性和全球性生产链、供应链和价值链之中，并与之发展紧密的合作关系，引领了中国经济融入世界经济的过程。[2] 公路建设对企业库存有重要影响，并有空间溢出效应，且随时间推移溢出效应变大。[3] 基础设施的完善会提高交通物流便捷度，最优生产决策可以降低库存量，即可降低制造业库存成本。刘秉镰和刘玉海发现公路基础设施尤其是高等级公路设施能够显著降低制造业企业库存成本，这在一定程度上阐释了交通基础设施促进经济增长的微观作用机制。[4] 交通基础设施可以通过市场扩张、市场竞争和运输成本三种路径影响

---

[1] 白重恩、冀东星：《交通基础设施与出口：来自中国国道主干线的证据》，《世界经济》2018年第1期。
[2] 刘民权：《全球化中的中国中小企业：交通基础设施的作用》，《金融研究》2018年第4期。
[3] 李涵、唐丽淼：《交通基础设施投资、空间溢出效应与企业库存》，《管理世界》2015年第4期。
[4] 刘秉镰、刘玉海：《交通基础设施建设与中国制造业企业库存成本降低》，《中国工业经济》2011年第5期。

企业库存，进而促进经济增长，张勋等把考虑质量的公路面积数据与工业企业数据库合并，验证了这三种路径，发现市场扩张是交通基础设施影响经济增长的首要因素。[①] 金融发展是制造业发展的重要影响因素，对产业升级和发展有重要的作用，但交通基础设施作用发挥受金融约束的影响。刘冲等发现金融约束显著影响中国各行业从交通基础设施提升中获得的市场机遇：金融约束越弱的行业，从整合的市场中获益越大。[②] 此外，交通基础设施提升有助于促进企业创新，且对金融约束较弱企业的创新促进作用更强。交通基础设施影响工业活动空间分布，谢呈阳和王明辉发现无论经济发展程度如何，提高区内交通基础设施水平都能增加本地工业活动的集聚程度，区际交通基础设施水平能促进生产要素在全社会的优化配置。[③]

（2）高铁的影响

改革开放后，中国铁路事业开始整顿恢复发展。自 1997 年至今，中国铁路进行了 6 次大规模提速，电气化和高速化水平不断升级发展。2020 年年底，中国

[①] 张勋等：《交通基础设施促进经济增长的一个综合框架》，《经济研究》2018 年第 1 期。

[②] 刘冲、刘晨冉、孙腾：《交通基础设施、金融约束与县域产业发展——基于"国道主干线系统"自然实验的证据》，《管理世界》2019 年第 7 期。

[③] 谢呈阳、王明辉：《交通基础设施对工业活动空间分布的影响研究》，《管理世界》2020 年第 12 期。

大陆铁路营业里程已超过14.63万千米，其中高铁已达3.8万千米。中国"十五"时期的一个重要规划就是铁路的"八纵八横"，具有运输能力大、线路里程长、连接大城市、连接铁路多、辐射范围广等特点。自2001年提出这一规划，经过8年建设，2009年中国正式实现"八纵八横"的铁路网主骨干。中国高速铁路起步较晚，但发展较快。从2002年建成开通的秦沈客运专线第一条真正意义上的高速铁路至2020年，中国在建和规划兴建的高速铁路总里程已达2万千米，在中国铁路发展史上留下浓重的一笔。中国铁路的发展，在中国经济流动发展方面起着不可替代的作用。中国学者就铁路对中国经济的影响进行了深入的研究，可以分为宏观视角下的高铁开通与区域经济增长以及微观视角下的高铁开通与微观企业行为。①

第一，高铁开通与区域经济增长。高铁开通是基础设施建设，直接拉动投资以及上游产品的需求，对经济增长有重要影响。因此，研究高铁开通是否促进经济增长是最直接的问题。中国高铁建设对经济增长的拉动作用是不言而喻的。高铁开通连通了具有不同资源禀赋、产业结构、发达程度等的城市，形成了高铁网络。

---

① 谢雨晴、张泽义：《交通基础设施与中国区域经济协调化发展思考》，《当代经济》2020年第11期。

一是对于经济发达地区经济发展有比较积极的推动作用，而对边缘地区有虹吸效应。研究中国交通运输网络的可达性对地区经济增长的影响，发现靠近交通网络有助于该部门人均 GDP 的增长，但整体人均 GDP 增长不显著。[1] 张俊使用 2008—2013 年开通高铁的县作为实验组，发现高铁开通对县级市经济增长有显著影响，而对县级单位经济的效应不明显。[2] 对于经济发达地区，有相对比较好的基础设施、消费市场等，高铁的开通会加快欠发达地区的生产要素向发达地区集聚，有利于该地区的经济发展；而对于经济欠发达地区，往往区位优势不明显，基础设施和消费市场相对较弱，从而使得资本和劳动力外流，反而抑制了这一类地区的经济发展。大规模交通基础设施投资连接了中心都市和边缘地区，Faber 以中国干线道路系统作为自然实验，研究发现，网络连接导致非目标外围县的 GDP 增长下降。[3] 这种影响似乎是由工业产出增长的显著下降造成的。

---

[1] A. Banerjee, E. Duflo, N. Qian, "On the Road: Access to Transportation Infrastructure and Economic Growth in China", *Journal of Development Economics*, No. 145, 2020.

[2] 张俊：《高铁建设与县域经济发展——基于卫星灯光数据的研究》，《经济学》（季刊）2017 年第 4 期。

[3] B. Faber, "Trade Integration, Market Size, and Industrialization: Evidence from China's National Trunk Highway System", *Review of Economic Studies*, No. 81, 2014.

二是高铁开通对本地区经济增长的影响还取决于城市自身禀赋结构。特别是对于边缘地区，经济积聚效应较弱。高铁开通连接了中心城市和边缘地区，高铁对边缘地区经济增长的影响受到多种因素制约。颜银根等以资源型城市刻画边缘地区关于特定要素的丰裕程度，高铁开通对特定要素丰裕的边缘地区发展有推动作用，而对于贫瘠边缘地区有负向作用。[①] 边缘地区的相对规模、非农产业规模以及距离核心城市远近等也影响边缘地区崛起，相对规模和非农产业规模越大，离核心城市越远，崛起的可能性越大。这一研究结论意味着高铁开通的影响还得看开通地区自身条件。高铁开通之所以会有虹吸效应，一个原因是未能把更多类型的空间尺度以及大型交通基础设施运行的时间累积考虑在内。年猛考察了2007—2013年高铁的时间累积效应和空间邻近效应对区域经济增长和空间格局的影响，发现高铁运行时间越长对区域经济增长带动效应就越强，距离高铁站点越近的区域受益于高铁的带动效应就越大。[②] 进一步地，高铁开通对不同区域有不同的影响，一般县受益最大，县级市和地级及以上城市次之。此外，高铁开通有助于缩小区域差距，促进经济空间均等化。

[①] 颜银根、倪鹏飞、刘学良：《高铁开通、地区特定要素与边缘地区的发展》，《中国工业经济》2020年第8期。

[②] 年猛：《交通基础设施、经济增长与空间均等化——基于中国高速铁路的自然实验》，《财贸经济》2019年第8期。

三是交通基础设施不仅看数量而且也要注重质量。施震凯等把铁路提速视为交通设施质量提升的一个测度，研究了2007年中国铁路大提速对沿途企业技术进步和效率改进的作用，结果发现的确有促进作用，提升了企业的全要素生产率，特别是对非国有控股、沿海地区、出口型企业的效应更强烈。[①] Baum-Snow等研究了1990年以来城市铁路和高速公路对城市的影响，区别放射状和环状基础设施对经济的差异性，放射状高速公路扩散了中心城市的服务部门活动，放射状铁路扩散了产业活动，而环形基础设施同时扩散了这两类活动。[②] 对于工业化程度更高、服务业吸收劳动力能力更强、基础设施配套更好的城市来说，地方经济的收益更大。研究还表明，在不同的项目阶段，高铁城市经历了不同的收益。[③]

四是高铁开通对区域绿色经济发展有重要影响。高铁开通有效地促进了区域绿色发展，特别是中心城市的环境优化。高铁开通有助于直接降低城市雾霾污染水平，主要原因有公路交通运输替代和产业结构调

[①] 施震凯、邵军、浦正宁：《交通基础设施改善与生产率增长：来自铁路大提速的证据》，《世界经济》2018年第6期。

[②] N. Baum-Snow et al., "Roads, Railroads, and Decentralization of Chinese Cities", *Review of Economics and Statistics*, No. 99, 2017.

[③] X. Ke et al., "Do China's High-Speed-Rail Projects Promote Local Economy? —New Evidence From a Panel Data Approach", *China Economic Review*, No. 44, 2017.

整；间接效应方面，高铁开通时中心城市和边缘地区的经济积聚或者溢出使得环境污染也有空间积聚和溢出效应。① 孙鹏博和葛力铭发现高铁开通影响企业的技术和成本，提升了绿色技术创新、产业升级和生产率，从而降低了碳排放。② 特别是，高铁开通的技术外溢有助于高铁沿线中小城市的工业碳减排。高铁通过规模效应、结构效应和技术效应等路径影响城市雾霾污染水平，张华和冯烽发现城市开通高铁后降低了雾霾污染浓度，对东中部城市、沿海城市、非资源型城市等效应更显著，但仅限于开通后的第一年和第二年。③ Gao等发现通过连接高铁，欠发达的中西部地区比发达的东部地区吸引了更多的游客，拥有独特旅游资源的城市虽然吸引了较少的游客，但比没有这些资源的城市获得了更多的收入。④

第二，高铁开通与微观企业行为。高铁开通使得沿线城市的交通运输更便捷通畅，开通区域内的企业外部环境发生变化，从而通过多种渠道影响企业行为。

---

① 李建明、罗能生：《高铁开通改善了城市空气污染水平吗？》，《经济学》（季刊）2020年第4期。

② 孙鹏博、葛力铭：《通向低碳之路：高铁开通对工业碳排放的影响》，《世界经济》2021年第10期。

③ 张华、冯烽：《绿色高铁：高铁开通能降低雾霾污染吗？》，《经济学报》2019年第3期。

④ Y. Gao, W. Su, K. Wang, "Does High-Speed Rail Boost Tourism Growth? New evidence from China", *Tourism Management*, No. 72, 2019.

一是高铁开通降低了物流成本，促进了生产要素的跨区域流动。资本流动是地区经济增长的一个重要渠道，而高铁开通促进了城市间的资本流动，但这种流动是不对等的，主要从中小城市向大城市流动，而大城市向中小城市流动较弱。高铁开通呈现虹吸效应的一个重要因素是，大城市有更大的本地市场规模，有助于实现规模报酬、产业集聚和技术溢出，从而使得大城市企业有更高的生产率。马光荣等使用2006—2018年高铁开通和上市公司异地投资数据，验证了高铁开通的虹吸效应。① 王春杨等发现高铁建设降低了不同区域间的贸易成本，促进区域间人力资本迁移，从而影响区域创新。② 高铁升级有利于城市节点乘客对高铁服务的访问，但使升级铁路沿线的周边县被服务绕过，基础设施投资可能会重塑经济活动。③

二是高铁开通降低企业获取信息的成本。饶品贵等发现高铁开通后企业和供应商的平均地理距离明显增加，也更加分散，即高铁开通促使企业重新调整供

---

① 马光荣、程小萌、杨恩艳：《交通基础设施如何促进资本流动——基于高铁开通和上市公司异地投资的研究》，《中国工业经济》2020年第6期。

② 王春杨、兰宗敏、张超、侯新烁：《高铁建设、人力资本迁移与区域创新》，《中国工业经济》2020年第12期。

③ Y. Qin, "'No County Left Behind?' The Distributional Impact of High-Speed Rail Upgrades in China", *Journal of Economic Geography*, No. 17, 2017.

应商。① 高铁开通会影响区域间要素流动，从而直接影响区域经济发展，卞元超等发现高铁开通加剧了区域经济差距。② 黄张凯等发现高铁带来的信息沟通便利弥补了地理距离对 IPO 定价的影响，降低了真实价值扭曲，提高了资本市场定价效率。③ 陈胜蓝和刘晓玲发现高铁开通促进公司和客户交易的同时，会解决信息不对称问题，有利于公司和客户形成长期合作关系，从而提高产品质量。④ 龙玉等发现城市开通高铁后的风险投资显著增加。⑤ 进一步地，信息不对称程度降低使得公司的权益资本成本明显下降，公司股票流动性的提升以及信息披露质量的提高是重要的影响机制。⑥ 高铁开通促进地区间信息流动，公司治理环境提升，降低股价崩盘风险。⑦

---

① 饶品贵、王得力等：《高铁开通与供应商分布决策》，《中国工业经济》2019 年第 10 期。

② 卞元超、吴利华、白俊红：《高铁开通、要素流动与区域经济差距》，《财贸经济》2018 年第 6 期。

③ 黄张凯、刘津宇、马光荣：《地理位置、高铁与信息：来自中国 IPO 市场的证据》，《世界经济》2016 年第 10 期。

④ 陈胜蓝、刘晓玲：《中国城际高铁与商业信用供给——基于准自然实验的研究》，《金融研究》2019 年第 10 期。

⑤ 龙玉、赵海龙、张新德等：《时空压缩下的风险投资——高铁通车与风险投资区域变化》，《经济研究》2017 年第 4 期。

⑥ 郭照蕊、黄俊：《高铁时空压缩效应与公司权益资本成本——来自 A 股上市公司的经验证据》，《金融研究》2021 年第 7 期。

⑦ 赵静、黄敬昌、刘峰：《高铁开通与股价崩盘风险》，《管理世界》2018 年第 1 期。

三是高铁开通可以有效解决市场分割,降低了公司费用黏性,能够降低企业调整成本、减少代理问题,影响企业管理与创新。杨国超等发现公司费用黏性降低效应仅存在于高铁开通城市中初始交通条件较差、调整成本较高、代理问题较为严重的企业中,且高铁通车仅对高铁站 50 千米范围内的企业有黏性费用降低效应。[①] 此外,高铁的网络效应也有助于降低费用黏性。高铁开通影响企业创新,诸竹君等发现高铁开通的城市中的企业专利申请数量和质量都有显著提升,对接近技术前沿和更具比较优势的行业有更大的显著促进效应。[②] 无论是高铁开通对边缘地区的溢出效应还是对中心地区的虹吸效应,都提高了城市间的通达性和信息畅通度,对于边缘地区可以获得高端要素,从而激励创新;对于中心城市可以凝聚人才、资金、信息等高端要素,促进企业创新。吉赟和杨青发现高铁开通提高了沿线企业人力资本质量,促进了以发明专利为主的企业创新产出。[③]

四是高铁通过物流成本、信息成本影响企业行为,

[①] 杨国超、邝玉珍、梁上坤:《基础设施建设与企业成本管理决策:基于高铁通车的证据》,《世界经济》2021 年第 9 期。

[②] 诸竹君、黄先海、王煌:《交通基础设施改善促进了企业创新吗?——基于高铁开通的准自然实验》,《金融研究》2019 年第 11 期。

[③] 吉赟、杨青:《高铁开通能否促进企业创新:基于准自然实验的研究》,《世界经济》2020 年第 2 期。

进一步影响区域的产业发展。高铁建设从多角度影响城市建设用地,高铁开通促进了城市住宅用地和商业服务业设施用地价格,但降低了工业用地价格。[1] 高铁建设是商品关税传导到各个城市的重要路径,从而影响商品在不同城市的零售价格,特别是对不易腐商品和沿海港口城市的影响更加突出。[2] 唐宜红等发现开通高铁降低了固定贸易成本,促进了开通高铁城市的企业出口。[3] 孙文浩和张杰发现高铁建设有助于高学历科技人才流动,从而促进高铁沿线制造业企业的高质量创新。[4] 但必须看到,人才流动在区域的差异性会影响区域创新格局,甚至影响产业结构。余泳泽等发现高铁开通促进了沿线城市旅游业的发展。[5] 宣烨等发现高铁开通有助于高端服务业多样化的积聚,但对专业化的积聚效应不明显。[6]

---

[1] 周玉龙等:《高铁对城市地价的影响及其机制研究——来自微观土地交易的证据》,《中国工业经济》2018 年第 5 期。
[2] 孙浦阳、张甜甜、姚树洁:《关税传导、国内运输成本与零售价格——基于高铁建设的理论与实证研究》,《经济研究》2019 年第 3 期。
[3] 唐宜红等:《中国高铁、贸易成本与企业出口研究》,《经济研究》2019 年第 7 期。
[4] 孙文浩、张杰:《高铁网络能否推动制造业高质量创新》,《世界经济》2020 年第 12 期。
[5] 余泳泽、伏雨、庄海涛:《高铁开通对区域旅游业发展的影响》,《财经问题研究》2020 年第 1 期。
[6] 宣烨、陆静、余泳泽:《高铁开通对高端服务业空间集聚的影响》,《财贸经济》2019 年第 9 期。

综上，可以发现交通基础设施和综合交通运输发展有助于企业发展和地区经济增长，但是要注意交通基础设施建设收益效应可能递减。因此，需要以谨慎科学的态度来综合评估交通基础设施和综合交通运输发展的经济作用。

（3）立体交通网：畅通"双循环"的必要条件

2020年5月14日中共中央政治局常务委员会召开会议，指出"要深化供给侧结构性改革，充分发挥我国超大规模市场优势和内需潜力，构建国内国际双循环相互促进的新发展格局"[①]。这是中央首次提出构建国内国际双循环相互促进的新发展格局。2021年1月11日，习近平总书记在省部级主要领导干部学习贯彻党的十九届五中全会精神专题研讨班上的重要讲话中强调，加快构建以国内大循环为主体、国内国际双循环相互促进的新发展格局，是《中共中央关于制定国民经济和社会发展第十四个五年规划和二〇三五年远景目标的建议》提出的一项关系中国发展全局的重大战略任务，需要从全局高度准确把握和积极推进。[②] 要

---

① 《中共中央政治局常务委员会召开会议》，《人民日报》2020年5月15日。

② 《习近平在省部级主要领导干部学习贯彻党的十九届五中全会精神专题研讨班开班式上发表重要讲话》，2021年1月11日，中共中央党校（国家行政学院）网站，https://www.ccps.gov.cn/xtt/202101/t20210111_147076.shtml。

加快形成"双循环"新发展格局,交通运输和现代物流是关键之关键。没有通畅的立体式的交通网络,就无法把生产、消费和市场有效衔接起来。无法想象,没有发达的交通物流网,企业可以及时获得原材料、及时把产品运送到市场和消费者手中。没有通畅的交通物流,企业生产的产品只是库存,产品价值无法有效转换成商品价值,企业收益和利润也就不可能真正实现,市场和消费者的有效需求也不可能得以满足。海外市场的消费者或供应商,对交通物流网的要求更高。没有通达的立体交通物流网络,全球产业链和供应链就随时可能被中断。所以,构建起通畅发达的立体交通网是力促"双循环"发展新格局的必要条件和重要抓手。

本书以湖南省怀化市为例分析立体交通网对畅通"双循环"的作用。

湖南怀化素有"火车拖出来的城市"之称,中欧班列加快了怀化企业走出国门的步伐。怀化铁路口岸将以一类口岸的标准,申报成为整车、木材、动物制品、水果、粮食、药品等产品指定口岸,打造成中国大西南国际中心陆港。怀化是中部地区通往大西南的"桥头堡",是国家实施"一带一路"北通欧亚、南接东盟的重要节点城市,也是中西部地区与东盟最接近的城市。2020年,怀化市外贸进出口总值达14.5亿元，同比增长40.5%，增速居湖南省第一。其中出口为12.1亿元，增长54.6%。[①] 出口增幅最大的地区是东盟地区，增长72.8%，商贸物流业已成怀化支柱产业。依托铁路口岸和中欧班列，怀化成功打通武陵山片区、大西南地区乃至东盟地区联通欧洲腹地的快速通道，正加速融入世界。国家发改委和交通运输部联合印发《国家物流枢纽布局和建设规划》，将怀化列为"商贸服务型国家物流枢纽承载城市"。怀化正在抢抓机遇，山海联动，水路并举，积极构建公路、铁路、水运、航空等为一体的综合交通体系。

湖南省正全面统筹规划五大国际物流通道和货运集结中心工程，怀化是"五向齐发"的重要节点城市之一。该规划向北以长沙为中心，做强中欧班列对欧洲、中亚的国际物流通道；向东以岳阳为中心，发挥城陵矶港口的一类口岸作用和长江黄金水道功能，借道长三角港口群出海；向南以株洲为中心，打造湘粤非铁海联运通道；向西以怀化为中心，对接西部陆海新通道，打造对接东盟的国际物流通道；向上以黄花机场为中心，构建RCEP国家的区域中转枢纽，打造

[①] 《怀化市2020年国民经济与社会发展统计公报》，2021年4月15日，怀化市人民政府网站，http://www.huaihua.gov.cn/huaihua/c115180/202104/e8e05f6f42d34fad93ad66d7bf710b90.shtml。

对非航空客货运门户枢纽。① 五大国际物流通道不仅企业物流运输降本、增效、提质，还将扩大湖南进出口总量，促进实现国内国际贸易"双循环"。

怀化依托中欧、中亚和北部湾港班列，正打通大通道，形成大枢纽，构建大网络。《国家综合立体交通网规划纲要》将怀化定位为6条主轴中的"粤港澳—成渝主轴"、7条走廊中的"沪昆走廊"、8条通道中的"二连浩特—湛江通道"上的主要节点城市。以怀化国际陆港为平台、以东盟物流产业园为载体，构建以怀化为中心、辐射五省周边地区、连接东盟各国的物流贸易网络，促进生产要素集聚，降低实体经济运营成本，推动优质产业加速转移至怀化，打造高质量跨越式发展的新引擎。"一港一园"项目建设，将促使怀化市全国性综合交通枢纽优势充分释放，进而提升物流产业发展水平，加快畅通国内国际"双循环"。同时，通过制造业、产业链的发展，大量的人流、物流和资金流在怀化市交汇，不断集聚和放大，更加提升怀化市"全国性综合交通枢纽"地位。②

---

① 《湖南开放通道"五向齐发"汇聚内陆开放新动能》，《潇湘晨报》2022年3月15日。

② 《怀化市全国性综合交通枢纽优势将充分释放》，《怀化日报》2021年8月25日。

（四）交通基础设施促进经济增长的作用路径

1. 宏观路径

如前文所述，交通基础设施具有网络性的特点，网络空间下驱使区域内各要素流动，加快经济活动之间的聚集和扩散，长期作用下产生的集聚效应和扩散效应共同发挥作用，通过正的空间外部性促进该区域的经济增长，而优势地区通过网络又可以带动周边地区的经济发展，从而形成滚雪球效应。除此之外，生产性基础设施建设完善的地区，基于要素自由流动和已有优势的现实，往往能够实现工期缩短、成本减少、资金节约等目标，进而获取更高的经济效益，这就是基础设施创造外部经济，外部经济推动规模经济、提高投资回报率的双向经济增长模式。

区域经济学认为，地区之间并不在同一条起跑线上发展经济。不同地区各自拥有的要素禀赋是不同的，所以存在一些具备地理优势或环境优势等天然条件适宜发展的区域，这些区域的经济必然比其他区域发展得更快更好，优势不断积累，产生正向循环，吸引周边地区的资金、技术、人才等要素资源聚集，通过自我强化产生回流效应，最终再激活区域经济，使地区间的经济发展越来越不平衡。[①] 但是当这个优势地区的经济增长到一定阶段的时候，要素资源会趋于饱和状态，区域内部无法正常吸收，这时要素会向周边地区扩散，寻求有一定基础条件且具有发展潜力的地区来吸收这些资源，这样一来，周边地区也可以不断优化自己的产业结构，带动经济增长。因此，交通基础设施建设完成后仍需经过一定的时间才能发挥应有的作用，但也证明了缩小地区间发展差异的必要手段就是提高交通基础设施建设水平，从而快速提升全要素生产率，促进经济发展。

2. 微观路径

交通基础设施的构建可以降低企业运输成本和人员出行成本，模糊市场边界，运输方式和出行方式的改变影响了企业和公众的区位选择，使区域内部的分工日趋专业化和细化，加强区域间的贸易往来，形成区域化的集聚经济，创造更多的就业机会，推动经济增长和帮助落后地区摆脱贫困。[②]

在企业经营的外部环境中，交通基础设施不配套导致成本较高是主要问题，而在内部环境中，企业面对的主要问题是运输成本高和配套设施不完善。所以

[①] 中南财经大学编：《经济科学学科辞典》，经济科学出版社1987年版。

[②] 陈垚：《交通基础设施对农村减贫的影响研究》，博士学位论文，兰州大学，2021年。

从降低成本角度来看，生产规模比较小的企业由于机械设备不够先进，基础设施成本较高，限制了企业的就业和增长，所以这类企业在最初成立时就会选择交通基础设施完善的区域，缓解运营成本压力。另外，经济全球化的压力使企业将目光转移到国际市场中，贸易全球化的推进与交通运输的便利快捷密不可分，交通基础设施的建立可以通过迅速调整资金流向和最大化节省库存来全方位满足消费者多样化的个性需求。对于正在建设"国际化都市"的地区来说，提供现代化的交通服务能力，能够发挥正溢出效应，吸引投资，增强国际竞争力。

二 发展历程和基础条件

党的十九大报告指出要建设交通强国，意味着我们全面开启建设交通强国新征程。这是党和人民赋予交通运输行业的新使命。综合交通运输是交通运输的集约化发展阶段，是当前世界主流的运输模式，代表了当代运输发展的新趋势、新方向，是社会经济进一步发展对交通运输业的内在要求。本部分旨在回顾中国综合交通运输发展历程，分析其具备的基础条件，剖析其存在的问题和展望其发展趋势。

（一）发展历程

中华人民共和国成立70多年以来，中国交通运输体系逐渐发展和成熟，就综合交通运输体系而言，至少经历了如下三个阶段。

1. 第一阶段（1950—2002年），认知探索期

在这一时期，由于交通基础设施严重匮乏，且交通技术和设备较为落后，中国建立起分门别类的运输管理部门，并设立了隶属于行政部门的综合运输研究所，以发挥运输系统效率（发挥优势及互为衔接）、降低运输成本和节约运输消耗为基本目标，以构建合理分工的运输体系为重点，对各种运输方式的合理分工与统一运输网的建设等问题开展了长期研究。[①] 这种分部门运输管理体制发展对综合运输造成诸多不利影响，各种运输方式基本上自成体系、各自发展，给各种运输方式的协调发展带来了极大障碍。[②]

2. 第二阶段（2003—2012年），初步形成期

这个时期，交通运输开启了"大部制"改革，综合运输的理念逐步形成。在2006年制定的《中华人民共和国国民经济和社会发展第十一个五年规划纲要》"优先发展交通运输业"一节中明确提出"统筹规划、合理布局交通基础设施，做好各种运输方式相互衔接，发挥组合效率和整体优势，建设便捷、通畅、高效、

[①] 李文国、白其鹭：《近30年中国综合交通运输体系演进分析》，《未来与发展》2011年第1期。

[②] 夏杰长：《我国综合交通运输创新发展的总体思路和对策建议》，《新经济导刊》2021年第1期。

安全的综合运输体系",并要求加快发展铁路运输,进一步完善公路网络,积极发展水路运输和优化民用机场布局等。2007年印发的《综合交通网中长期发展规划》以"衔接、优化和协调发展"为主线,本着"扩大规模、完善网络、整合资源、优化结构"的发展思想,提出了包括"五横五纵"综合性运输通道、若干国际区域运输通道和42个全国性综合交通枢纽在内的规划方案。2008年,组建了交通运输部,公、铁、水、航、邮政、城市交通等全部或基本纳入交通运输部统一管理,为综合运输的发展奠定了体制基础。①

3. 第三阶段（2013年至今），基本成熟期

2013年,铁路实现政企分开,交通运输大部门体制改革基本落实到位。交通运输全面深化改革,建设法治政府部门,加快综合交通、智慧交通、绿色交通、平安交通"四个交通"建设,围绕"一带一路"建设、京津冀协同发展、长江经济带建设制订发展规划。党的十九大进一步提出了"建设交通强国"的战略目标,指出以高质量发展为根本要求,以"构建安全、便捷、高效、绿色、经济的现代化交通体系"为价值取向,从2021年到21世纪中叶分两个阶段建设交通

---

① 夏杰长:《我国综合交通运输创新发展的总体思路和对策建议》,《新经济导刊》2021年第1期。

强国。2017年国务院印发《"十三五"现代综合交通运输体系发展规划》，明确提出到2020年要基本建成安全、便捷、高效、绿色的现代综合交通运输体系，部分地区和领域率先基本实现交通运输现代化。[①]

自"十三五"时期以来，中国交通运输基础设施网络日趋完善，综合交通网络总里程突破600万千米，"十纵十横"综合运输大通道基本贯通，高速铁路运营里程翻一番、民用运输机场覆盖了绝大部分地级市，交通扶贫百项骨干通道基本建成，新建、改建农村公路超过百万千米，快递网点基本覆盖全部乡镇，建制村实现直接通邮，快递业务量高速增长。

2020年1月，国务院颁发了《"十四五"现代综合交通运输体系发展规划》（国发〔2021〕27号）。该规划明确了"十四五"时期和2035年的主要目标，要求综合交通运输在融合发展、智能化、绿色化等方面有实质性进步，便捷顺畅、经济高效、安全可靠、绿色集约、智能先进的现代化高质量国家综合立体交通网基本建成，基本建成交通强国。这些目标定位，为我们全力建设综合交通运输体系指明了方向，提供了根本遵循。

总之，经过中华人民共和国成立70多年特别是改

---

① 夏杰长：《我国综合交通运输创新发展的总体思路和对策建议》，《新经济导刊》2021年第1期。

革开放 40 多年来几代人的艰苦努力，中国综合交通运输体系发展具备了良好的基础：设施规模迅速扩大，网络覆盖加密拓展；运输体系逐步市场化，服务质量大幅度提高；设施装备明显改善，智能技术加快应用；运输方式衔接更加紧密，客货运输效率显著提高；绿色发展成效显著，安全水平明显提升。这些来之不易的成就，是我们推动综合交通运输体系创新发展的有力保障和坚实基础。[1]

（二）基础条件

1. 设施规模迅速扩大，网络覆盖加密拓展

改革开放以来，特别是近 10 年，中国政府对交通运输体系的投资力度使得交通基础设施的建设规模和速度快速增长，交通网络覆盖面继续扩大，通达度进一步提高，形成了具有相当规模的综合交通体系，综合运输能力显著增强，整体适应了经济社会发展要求。[2] 截至 2020 年，中国综合交通网总里程达到 600 万千米左右，高速铁路覆盖了 95% 以上城区常住人口超过 100 万的城市，高速铁路运营里程翻一番，对百

---

[1] 夏杰长：《我国综合交通运输创新发展的总体思路和对策建议》，《新经济导刊》2021 年第 1 期。
[2] 胡希捷、赵旭峰：《中国交通 40 年》，《中国公路》2018 年第 15 期。

万人口以上城市覆盖率超过95%，高速公路对20万人口以上城市覆盖率超过98%，城市轨道交通运营里程大幅增长，民用运输机场覆盖92%左右的地级市，集装箱铁水联运量年均增长超过20%，具备条件的建制村通硬化路，快递网点基本覆盖全部乡镇，建制村实现直接通邮。[1]

2. 设施装备明显改善，关键技术取得重大突破

各领域运输设施大幅改善和优化。改革开放以来，中国电气化铁路走出了一条从无到有、由弱到强，从低吨位到重载、从普速到高速的探索创新之路，运营里程突破10万千米，不仅总里程跃升至世界第一，在技术水平和建设质量上也达到世界领先水平，2020年电气化率为72.8%，未来电气化率有望达到89%。[2] 2020年全国公路总里程519.81万千米，比2019年年末增加18.56万千米。其中，二级及以上等级公路里程为70.24万千米，增加3.04万千米，占公路总里程比重为13.5%。2020年全国内河航道通航里程为

---

[1] 《国务院关于印发"十四五"现代综合交通运输体系发展规划的通知》，2021年12月9日，中华人民共和国中央人民政府网站，http://www.gov.cn/zhengce/content/2022-01/18/content_5669049.htm。

[2] 《2021年中国电气化铁路市场现状和发展前景分析 未来电气化率有望达到89%》，2021年10月22日，前瞻经济学人网站，https://www.qianzhan.com/analyst/detail/220/211022-dd5f11e1.html。

12.77万千米，比2019年年末增加387千米。等级航道里程6.73万千米，占总里程比重为52.7%，提高0.2个百分点。三级及以上航道里程为1.44万千米，占总里程比重为11.3%，提高0.4个百分点。2020年全国民用航空机场241个，比2019年年末增加3个。民航三大枢纽机场（北京、上海、广州）已达到国际水平，机场数量和机队规模迅速扩张。在管道建设方面，积极引进国外先进技术，并对部分老管道进行更新改造，管道建设取得了新进展，管道总体技术水平接近国际先进水平。[①]

重点环节和关键技术取得重大突破，交通运输研发投入再创新高，2020年全社会研究与试验发展（R&D）经费支出231.2亿元。中国交通运输行业始终瞄准国际交通科技发展前沿，在交通装备、交通信息化与智能化、交通安全和交通基础设施等方面的技术创新取得了重大突破。比如，具有完全自主知识产权的全系列"复兴号"动车组上线运行，C919客机成功试飞，ARJ21支线客机规模化运营，跨海桥隧、深水航道、自动化码头等成套技术水平跻身世界前列，船舶建造水平持续提升。交通运输信息化和智能化水平

---

① 《2020年交通运输行业发展统计公报》，2021年5月19日，中华人民共和国交通运输部网站，https：//xxgk.mot.gov.cn/2020/jigou/zhghs/202105/t20210517_3593412.html。

大幅提升，智能交通产业初步培育形成，线上线下相结合的商业模式蓬勃发展，主要城市群内交通一卡通的互通基本实现，高速公路电子不停车收费系统（ETC）实现全国联网，大大提高了通行效率。[①]

3. 运输方式衔接更加紧密，客货运输效率显著提高

综合交通运输基础设施网络化水平显著增强。基础设施网络化是各种运输方式融合发展的基础支撑。以"十纵十横"为主骨架的综合运输大通道建设加快推进。[②] 由7条首都放射线、9条南北纵线和18条东西横线组成的国家高速公路网逐渐形成。铁路网方面，在建成"四纵四横"主骨架的基础上，高速铁路建设有序推进，服务范围进一步扩大，服务质量不断提高，已经成为人民群众安全高效出行的重要选择之一。民用航空机场构成了密集的航空网络，覆盖了中国大多数中等以上城市。中国目前已经初步形成以高速铁路、高速公路、民用航空等为主体的高品质快速交通网，以普速铁路、普通国道、港口、航道等为主体的高效率普通干线网，以普通省道、农村公路、支线铁路、支线航道等为

[①] 《国务院关于印发"十四五"现代综合交通运输体系发展规划的通知》，2021年12月9日，中华人民共和国中央人民政府网站，http://www.gov.cn/zhengce/content/2022-01/18/content_5669049.htm。

[②] 王微：《综合交通运输体系新起点》，《中国公路》2017年第8期。

主体和通用航空为补充的广覆盖基础服务网。

综合交通枢纽一体化服务水平大幅提升。北京、上海、广州、重庆、深圳和成都等国际性综合交通枢纽的国际影响力和综合服务能力显著增强，这些国际综合交通枢纽的人员往来、物流集散、中转服务等综合服务功能显著增强。[1] 丹东、珲春、亚东、瑞丽等沿边重要口岸枢纽的内外辐射能力也不断提高。[2] 通过不同层次交通枢纽的打造，以及优化中转设施和集疏运网络，强化客运零距离换乘和货运无缝衔接，实现了不同运输方式更加协调高效，大大提升了中国交通物流整体效率。

多式联运发展取得初步成效。多式联运已上升为国家战略。各方企业积极开展多式联运业务，形成了公铁、海铁和陆空等多种联运模式，发展了以集装箱多式联运为主的物流模式。[3] 同时，也兼顾商品车、冷链专业多式联运等服务，多式联运信息化智能化水平不断提升，标准规范建设成效初显。[4]

---

[1] 吴媛媛：《我国机场综合交通枢纽发展问题思考与建议》，《中国战略新兴产业》2018年第44期。

[2] 梁双陆、崔庆波：《中国沿边开放中的交通枢纽与城市区位》，《经济问题探索》2014年第11期。

[3] 樊一江：《加快铁路集装箱多式联运发展 提高现代综合交通运输体系供给质量和效率》，《中国水运》2017年第9期。

[4] 许奇、何天健、毛保华：《我国铁路集装箱多式联运现状与发展》，《交通运输系统工程与信息》2018年第6期。

4. 绿色发展成效显著，安全水平明显改善

中国政府正在致力于2030年前实现碳达峰、2060年前实现碳中和。交通在经济社会发展和人民生活水平中的地位不断提升，实现交通运输业绿色发展是达成"双碳"目标的重要条件。交通运输行业作为温室气体排放的重点领域之一，受到国家的高度重视，交通运输领域的环保投入规模持续增加，绿色交通取得积极成效。[①] 中国政府把推动绿色低碳转型作为可持续交通发展的战略性任务，追求以最少资源投入、最小环境代价，最大限度地满足社会经济发展和人民出行需要，为建设美丽中国和实现"双碳"目标贡献力量。我们很欣喜地看到，随着国家全面实施绿色交通发展计划以及群众环保意识的提升，客货运输结构持续优化，铁路和水运在大宗货物长距离运输中承担的比重进一步提高。城市公共交通、出租车和城市配送领域新能源汽车快速发展。2021年，中国新能源汽车保有量达到784万辆，占中国汽车总量的2.6%，占全球新能源汽车保有量的一半左右。2022年中国新能源汽车产销量有望突破500万辆。相比传统燃油乘用车，现有新能源乘用车每年在使用环节减少碳排放1500万

---

① 中华人民共和国交通运输部编：《2014绿色交通发展报告》，人民交通出版社股份有限公司2017年版。

吨左右。① 绿色出行比例显著提升，共享单车更是风靡全国，开启了绿色出行新模式。

交通运输安全水平大幅改善，平安交通稳步推进。改革开放以来，随着经济发展和人口流通的加速以及交通设施水平的提升，中国成为世界上交通事故发生较严重的国家之一。2001年交通事故死亡人数超过10万人。2002年全国交通管理部门共受理交通事故773137起，近11万人死亡，近53万人受伤，直接经济损失为332438万元。② 2005年以后加大交通安全投入以及实施严格的管理措施。对人的管理包括提高驾驶员素质、技术水平与职业道德，提高交通执法人员的执法水平；对车的管理包括加强对车辆和道路的安全化建设，严格执行机动车年检和报废制度；对道路的管理包括提高道路技术标准和路面质量，提高道路（环境）安全性措施；另外，还在各交通运输领域建立起了相应的应急救援系统等。通过在多个方面共同发力，中国交通运输的安全情况得到了显著改观。民航、铁路安全水平保持世界领先。"十三五"时期（2016—2020年）与"十二五"时期（2011—2015年）相比，道路运输重大事故数量和死亡人数分别下

---

① 刘瑾：《销量连续7年居世界首位——新能源汽车有望加速增长》，《经济日报》2022年1月23日。
② 胡晓娟、胡毅夫：《国内道路交通安全现状、原因及防治对策》，《工业安全与环保》2009年第10期。

降 75% 和 69% 左右。①

5. 大部门制建设初见成效，管理体制改革纵深推进

交通运输大部门体制改革稳步推进，取得了一定进展，初见成效。改革开放以来，交通运输管理体制始终朝着政企分开、综合交通一体化的方向推进。② 1984 年，交通部提出以"转、分、放"和"实现两个转变"为主要内容的改革思路，实现政企分开，加强行业管理，建立了五级交通行政管理机构。1996 年，交通部发布《深化水运管理体制改革方案》，推动水运管理体制改革，组建了海事局，实行"一水一监、一港一监"的管理体制。2001 年，国务院办公厅转发《关于深化中央直属和双重领导港口管理体制改革意见的通知》，彻底将港口下放地方管理。2005 年，撤销铁路分局，铁路局直接管理站段，铁路政企分开和市场主体管理持续深化。2008 年，撤销民航总局，成立民航局并划归交通运输部管理，国家邮政局也划归交通运输部管理。党的十八大以来，国务院撤销了铁道

---

① 《国务院关于印发"十四五"现代综合交通运输体系发展规划的通知》，2021 年 12 月 9 日，中华人民共和国中央人民政府网站，http://www.gov.cn/zhengce/content/2022-01/18/content_5669049.htm。

② 赵金涛、刘秉镰：《我国综合交通运输管理体制改革探讨》，《经济问题探索》2005 年第 1 期。

部，成立国家铁路局并由交通运输部管理。至此，交通运输部管理国家铁路局、中国民用航空局、国家邮政局，负责统筹铁路、公路、水路、民航以及邮政行业发展，基本形成了交通"大部制"管理体制。[①] 地方交通运输大部门体制改革也正在不断深化，呈现出很多"地方特色"，很多省（自治区、直辖市）基本建立起或正在建立综合交通运输协调机制，统筹和协调推进各类交通运输方式一体化融合发展。

（三）存在的问题

1. 交通管理体制有待进一步完善

中国交通管理体制面临的主要问题是"大部制"改革不彻底和市场化取向改革不深入。第一，交通"大部制"改革不彻底。目前，中国交通管理体系一定程度上存在管理水平不高、多部门执政、权责模糊的问题。交通体系运行不同阶段的管理职能被不同的部门分割，在实际交通管理中由于不同交通方式的管理主体还没有完全统一，彼此推诿、相互扯皮的现象时常出现。[②] 有时候，在部门利益驱使下，各部门难以

[①] 胡希捷、赵旭峰：《40年交通运输改革开放实践》，《中国水运》2018年第11期。

[②] 蒋汉忠：《刍议大交通管理体制的研究》，《智能城市》2018年第17期。

形成统一意见,降低具体决策效率和行动的统一性。例如,交通运输综合行政执法不力,缺乏一支正规化、专业化、规范化、标准化的执法队伍,高速公路和普通公路统筹发展机制还不完善。[①] 第二,交通领域市场化改革不深入。一方面,部分拥有外资或民营性质的交通企业由于缺乏相关政策方面的优势,无法同政府直接干预的交通企业进行公平竞争,发展受到限制。另一方面,受政府保护的交通企业在经营和管理过程中竞争意识较低,工作效率较低,难以为广大人民群众提供更好的服务。这从整体上降低了中国交通市场的效率。现阶段交通市场化改革的过程中,并没有彻底打破政府垄断。在政府的较强干预下,交通企业决策能力较弱,经营管理灵活性较低,积极性不足,自负盈亏和自主经营能力较差,难以确立市场主体地位,大大降低了企业的长期发展能力。[②]

2. 交通投融资渠道亟待拓展

交通运输是投资规模大、投资周期长、投资主体多元的服务业。如何拓展其投融资渠道、转变投融资方式,是亟待破解的难题。改革开放40多年来,我们在

[①] 夏杰长:《我国综合交通运输创新发展的总体思路和对策建议》,《新经济导刊》2021年第1期。

[②] 夏杰长:《我国综合交通运输创新发展的总体思路和对策建议》,《新经济导刊》2021年第1期。

这方面做了许多探索，取得了不错的成绩，但总体看，交通投融资渠道比较窄，投融资体制机制改革缺乏实质性突破，难以满足交通运输发展的需要。这些年，随着原材料价格较快上升和人工成本不断增加，基础交通设施项目造价不断攀高，传统的政府财政支出作为主要资金来源的模式已经很难满足项目建设需求。如果继续沿用政府单一财政投资方式，不建立一套完善的社会投融资模式，将导致地方政府财政压力不断加大，政府信用评级面临降低风险。并且，一些建设项目的收益没有达到预期要求，影响地方财政收入，造成后期建设项目的融资能力减弱，投融资发展将形成一个恶性循环，大量的社会资本对该类项目缺乏投资信心，制约了交通基础设施建设的投融资预期和能力。[1]

3. 交通运输规划的指导性有待增强

综合交通运输涉及面很广，强有力的规划指导非常重要。在交通运输领域，出台的规划并不少，但依然存在如下问题。第一，规划执行力不强。由于综合层面顶层设计的相对缺失，中国对综合运输发展的指导需要加强，如何构建、如何实现协调等实际问题，

---

[1] 夏杰长：《我国综合交通运输创新发展的总体思路和对策建议》，《新经济导刊》2021年第1期。

需要更详细、可操作的具体措施和方案。① 由于各层次部门之间未能达成有效的协调合作,综合交通运输规划编制过程中不同层次交通规划存在一定程度上的分工不清晰、承接不顺畅的情况。全国层面综合交通运输规划编制过程中,需要提升部际沟通通畅度,加强合作力度,推进相关重大交通项目、重大交通工程的及时落地实施。区域层面综合交通运输规划编制与执行过程中,全国层面的综合交通运输规划的衔接程度需要提升。部分地方政府及管理部门未能在全国层面综合交通运输规划的指导下,分解和落实综合交通运输规划明确的目标任务与政策举措。第二,规划衔接不畅。从交通运输体系内部来看,长期以来,中国政府专业管理部门对交通运输实行分割式和封闭式管理,难以从总体上推动运输方式网络化发展。综合交通运输体系是一个复杂巨系统,各部门基于在运输体系中的业绩和利益以及相应的权限地位考量,更为关注本领域的规划和投资,从而影响了各种运输方式融合衔接,一体化程度难以实质性提高。从交通运输规划与其相关规划之间的关系来看,交通运输规划与国土空间开发、重大产业布局、生态环境建设、信息通信发展等规划的衔接,以及铁路、公路、水运、民航、油

---

① 罗仁坚:《我国都市综合运输系统存在的问题、挑战和建议》,《宏观经济研究》2009 年第 4 期。

气管网、邮政等专项规划对交通运输规划的衔接落实尚有待进一步加强。第三，规划约束力不足。交通运输规划应该具有刚性约束力，经过科学程序制订的交通运输规划应该实现"一张蓝图绘到底"。但现实工作中，由于交通规划的刚性约束不足，违反规划、随意修改规划、下位规划突破和违背上位规划等已经成为当前交通规划管理的突出问题。从规划内容来看，多数交通规划缺乏清晰的考核指标。各地区在各时段的交通运输发展指标尚不清晰，约束性指标和预期性指标的考核方式尚不完善，缺乏引导、评价、规范地区交通发展的参照系和风向标。从规划实施过程来看，过程监督机制尚不健全，中期评估工作有待进一步优化，环境影响跟踪评价、建设项目后评价以及规划实施事中事后监管和动态监测分析，难以根据规划落实情况进行动态调整。从规划实施效果评估来看，各地区对交通规划实施效果进行评估的内容框架和价值标准尚未统一，难以切实反映规划实施中存在的问题，对后期规划修编或调整起到借鉴和引导的作用较小。

4. 交通运输网络有待优化

中国各种运输方式空间布局的基本特点是"东南密、西北疏"。运输与区域经济的发展息息相关，交通运输资源的占有率几乎决定了区域经济发展的潜力和优势。运输资源缺乏的地区，运输成本居高不下，在产业间关联度高、专业化程度高的现代产业发展背景下，难以形成产业的进一步分工，影响地区经济发展，进一步加大与运输资源丰富地区的贫富差距。区域间运输网络发展不均衡导致不同区域面临不同的问题。[①] 比如，目前"东南密、西北疏"的空间布局特征，导致东部和南部地区各种运输方式的竞争过度，甚至出现运输资源的浪费，而西北路网密度稀疏的地区，各种运输方式严重缺乏竞争，部分地区几乎由某一种运输方式垄断，不利于该地区经济发展和运输企业的发展壮大。运输网络布局不完善主要表现在运输主通道与次干线、支线难以高效衔接。高速公路网络连通度较低。[②] 公路总里程虽然较长，但是国道、省道部分路段交通量超过了设计通行能力，欠发达地区特别是山区公路通达度不够，与高速公路网、铁路网、机场、码头等不能有效衔接；铁路通道布局需要进一步完善，西北、西南地区通道能力还需进一步提升。除了北京、广州、上海等城市具有较完善的轨道交通外，大部分城市交通网在城市内部仍以道

[①] 郭凯明：《我国现阶段综合交通运输布局弊端分析》，《中国科技信息》2008年第15期。

[②] 夏杰长：《我国综合交通运输创新发展的总体思路和对策建议》，《新经济导刊》2021年第1期。

路为主、辅以少量轨道交通。①

5. 交通运输结构效率不高

交通运输部和各级政府很重视多式联运问题，但总体来看，中国多式联运发展战略缺乏，战略逻辑不清，发展政策呈现部门化、碎片化，更多的是"就联运而谈联运"，缺乏与现代产业布局、产业集群培育、发展空间拓展、技术进步升级的深度联动，发展路径在一定程度上脱离产业发展阶段的现实。例如，在非标准化和非集装化条件下，过度强调集装箱多式联运跨越发展。再如，多式联运标准规范不统一，市场环境亟待优化。多式联运服务标准与规范缺乏，货物在不同方式间转运缺乏规则保障，效率低下，纠纷不断。运输市场秩序不佳，比价关系扭曲，公路超限超载、返程低价等恶性竞争频发，导致多式联运缺乏成本优势，竞争力不强。② 还有，运输单据尚不统一，流转程序烦琐，大部分运单缺乏金融衍生功能。信息互联共享不足，"信息孤岛"问题突出也严重影响了交通运

---

① 赵光辉、李长健：《交通强国战略视野下交通治理问题探析》，《管理世界》2018 年第 2 期。

② 夏杰长：《我国综合交通运输创新发展的总体思路和对策建议》，《新经济导刊》2021 年第 1 期。

输结构优化和效率提高。① 交通运输结构效率不高的根源在于各种运输方式之间的结构分工不合理,各类运输方式如何协调配合、运输设施如何统筹规划建设、运输装备如何组织生产、运输经营管理如何形成合力,这些问题都没有解决。在资源分配利用上,对需要优先发展的运输方式倾斜不够,有限的资源经常被分散使用,综合交通运输整体效益没有有效发挥。②

6. 交通运输服务质量有待提高

便捷、高效、安全是交通运输服务质量的核心诉求,但总体来看还有一定差距。一是便捷度不高。交通体系还达不到"零距离"衔接,往往因不同的运输体系而存在漏洞,例如,客运与城市交通衔接不畅、城市轨道交通与火车衔接不畅、飞机与火车之间衔接不畅、购票信息服务跟不上客运发展、干线与支线运输脱节等,造成公众出行不便利,引发社会矛盾和运输渠道紧张,"门到门"运输服务比例较低。二是服务效率不高。运输服务效率不高主要体现在行驶时间较长,如公共汽车、火车等。虽然火车已经实现提速,但在一些城市,火车交通仍然

---

① 周正祥、刘海双:《湖南省综合交通运输体系优化策略》,《长沙理工大学学报》(社会科学版) 2018 年第 5 期。
② 夏杰长:《我国综合交通运输创新发展的总体思路和对策建议》,《新经济导刊》2021 年第 1 期。

存在停靠站点过多、行驶速度较慢的现象。此外，班期衔接不当。例如，铁路运力较为紧张，铁路集装箱班列必须达到一定货运量才能发送，而船运公司的班轮有固定班期。因此，很多港口虽然开通了铁路班线，但由于货运量忽多忽少，空箱和重箱流向不匹配，很难正点开行，降低了运输服务效率。三是安全性有待增强。在巨大的市场竞争压力下，许多交通运输企业存在重效益、轻安全等问题，安全管理制度不完善，安全意识不强，操作规程不严格，安全事故时有发生。特别是一些企业无序竞争、车船挂靠经营、异地营运现象比较突出，导致企业安全管理缺位，存在着较大的事故隐患。[①]

（四）发展趋势

中国正在开启全面建设社会主义现代化国家新征程和致力于构建"双循环"新发展格局，适度超前布局交通运输业发展正成为共识。在支撑经济社会发展全局、保障国家重大战略实施、促进区域协调发展、引领乡村振兴和新型城镇化、更高质量满足人民群众需要的交通运输服务等方面，交通运输业发挥了前所

[①] 黄志凌、刘永宁、田野：《我国交通运输安全应急面临问题及发展趋势分析》，《安全》2018年第11期。

未有的作用。可以预计，这种先导作用还将越来越凸显。综合交通运输作为代表世界交通先进理念的交通运输方式，在中国也越来越被重视，无论是顶层设计，还是业界实践，都在积极推进。展望未来，我们对中国综合交通运输发展充满信心，基本建成现代化综合运输体系和交通强国的宏伟目标必将实现。

中共中央、国务院印发的《国家综合立体交通网规划纲要》与国务院印发的《"十四五"现代综合交通运输体系发展规划》提出了综合交通运输体系的目标任务。到2025年，综合交通运输基本实现一体化融合发展，智能化、绿色化取得实质性突破，综合能力、服务品质、运行效率和整体效益显著提升，交通运输发展向世界一流水平迈进。铁路营业里程达到16.5万千米，高速公路建设里程达到19万千米，内河高等级巷道里程达到1.85万千米，民用运输机场不少于270个，城市轨道交通运营里程不少于1万千米，沿海港口重要港区铁路进港率不低于70%，枢纽机场轨道交通接入率不低于80%，集装箱铁水联运量年均增长率不低于15%。[①] 2035年，基本建成便捷顺畅、经济高效、绿色集约、智能先进、安全可靠的现代化高质量

---

① 《国务院关于印发"十四五"现代综合交通运输体系发展规划的通知》，2021年12月9日，中华人民共和国中央人民政府网站，http://www.gov.cn/zhengce/content/2022-01/18/content_5669049.htm。

国家综合立体交通网,实现国际国内互联互通、全国主要城市立体畅达、县级节点有效覆盖。国家综合立体交通网实体线网总规模合计70万千米左右(不含国际陆路通道境外段、空中及海上航路、邮路里程)。其中铁路20万千米左右,公路46万千米左右,高等级航道2.5万千米左右。沿海主要港口27个,内河主要港口36个,民用运输机场400个左右,邮政快递枢纽8个。[①]

---

① 《中共中央 国务院印发〈国家综合立体交通网规划纲要〉》,2021年2月24日,中华人民共和国中央人民政府网站,http://www.gov.cn/gongbao/content/2021/content_5593440.htm。

三 国际经验：比较与启示

大多数发达国家形成了较为成熟的综合交通运输体系，他们的许多经验值得中国借鉴和应用。我们将在总结美国、日本、德国、加拿大这四个发达国家综合交通运输体系发展经验的基础上，结合我们的具体国情和综合交通运输体系发展趋势，探索有益的政策启示。

（一）发达国家综合交通运输体系发展经验

当今，美国、日本、德国、加拿大等发达国家拥有先进的综合交通运输系统。它们在综合交通运输体系建设及管理政策科学化和运输市场化等方面积累了丰富经验，它们的经验各有所长。有不少经验，值得我们关注和借鉴。

1. 美国：大力推进多式联运

美国多式联运体系是美国物流和经济发展的基石，也是世界上最具竞争力的联运体系。一是政府大力推动和支持，管理组织结构明确。1991年，美国颁布了《陆地多式联运运输效率法案》，明确将"协调多式联运的联邦政策并制定新的政策以提升美国的多式联运效率"的职责归属交通部，由该部门负责执行联邦的多式联运政策。[1] 在企业层面，美国所有铁路公司成立了多式联运部门或多式联运子公司，以确保多式联运业务有专属运营组织。[2] 二是高度重视制度创新，建立了多式联运技术标准体系。[3] 比如，《斯塔格斯铁路法》对放松运输业管制的改革，《协议费率法》《地面货运代理商放松管制法》《卡车运输行业规章制度改革法案》推动运价改革、多式联运代理制等方面的改革，减少了国家对运输业的控制，运输业成为市场化程度最高的部门之一。[4] 美国联邦运输法典则对多式联

---

[1] 王旭：《美国集装箱多式联运发展的启示与思考》，《铁道运输与经济》2016年第5期。
[2] 诸葛恒英、齐向春、周浪雅：《美国铁路多式联运发展的启示》，《铁道运输与经济》2016年第12期。
[3] 吴庆宇：《当代美国综合运输体系发展的经验与借鉴》，硕士学位论文，吉林大学，2006年。
[4] 柳长立：《美国综合运输交通安全战略规划综述》，《交通与运输》1999年第6期。

运的各个重要环节均规定了具体的技术标准和交互规则，以此保障各公司的机车车辆及其部件的互换性、兼容性。① 三是持续投资改善多式联运运输系统和设施条件，重视信息化建设，交通部多式联运顾问委员会与多式联运办公室等组织机构负责建立和管理多式联运的数据信息库。② 四是通过立法确保多式联运资金使用效率和生产效率。美国国家多式联运委员会被赋予调查公共基金的现有模式、提高联邦交通信托基金使用限额弹性的意愿以及扩大私人资金的使用等权限，较好地行使了该领域的资金使用和管理权限。③

2. 日本：积极发展城市综合交通

日本国土面积小，人口密度大，资源贫乏。与欧美发达国家相比，日本曾遭遇交通运输的"瓶颈"制约。日本是亚洲建立完善的现代综合交通网的发达国家。随着日本交通运输事业的发展，日本的交通运输管理体制经历了多次变革，总体趋势体现了由"分散管理、各司其职"到"集中统一、综合管理"的发展

---

① 诸葛恒英、齐向春、周浪雅：《美国铁路多式联运发展的启示》，《铁道运输与经济》2016 年第 12 期。

② 徐淑雨：《发达国家综合交通运输体系发展对我国的启示》，《公路交通科技》（应用技术版）2017 年第 1 期。

③ 吴庆宇：《当代美国综合运输体系发展的经验与借鉴》，硕士学位论文，吉林大学，2006 年。

方向。日本在建设综合运输体系的过程中，形成了点—线—面综合的海陆空运输网络，重视各种运输方式的连接建设和相互补充。[①] 为适应经济社会发展，日本及时转变发展观念，确立低碳化建设的目标，形成了高效化、网络化、低碳化的综合运输体系。[②]

在综合交通运输体系建设方面，日本作为世界上城市化水平最高的国家之一，在城市综合交通发展上有着非常成熟的经验。[③] 本书以东京为例分析日本在这方面的经验。一是与城市功能和空间紧密结合的城市交通规划。东京基于城市系统的全局视角来规划城市交通发展问题。影响城市交通的因素有很多，包括用地布局、功能分区、人口密度、路网结构、文教体卫等公服配套、绿地和市政基础设施布局的空间配置等。只有把这些因素都考量周全，才能提高交通效率。[④] 二是"以疏为主"的交通对策。对于"拥堵"，东京的成功经验主要在于"疏"而非"限"。在治理城市拥堵方面，在经历了收附加税、限购等效果不显著后，

[①] 谢志明、陈海伟：《日本综合客运枢纽交通衔接设计经验及启示》，《城市交通》2016 年第 5 期。

[②] 张改平、罗江、荣朝和：《日本〈交通政策基本法〉及其对中国的启示》，《长安大学学报》（社会科学版）2014 年第 4 期。

[③] 张改平、罗江、荣朝和：《日本〈交通政策基本法〉及其对中国的启示》，《长安大学学报》（社会科学版）2014 年第 4 期。

[④] 谢志明、陈海伟：《日本综合客运枢纽交通衔接设计经验及启示》，《城市交通》2016 年第 5 期。

按照"以疏为主"的思路，渐渐形成了以轨道交通为主、公交和出租车为辅的公共交通体系。[1] 三是对枢纽站周边土地进行综合开发。东京十分注重依托重要交通枢纽而进行的复合型土地开发，依托各枢纽站的区位优势与客流资源，引导各类相关产业在周边集聚发展。站点周边的土地利用强调综合性与公共性。[2] 从东京三大副都心车站周边的土地利用情况来看，主要以商业购物、商务写字楼、行政办公、商务酒店、文化娱乐、教育培训、医疗卫生为主。但在这七大功能中，开发比例占主导的是商业和商务办公。四是智能化的交通管理措施。东京主要依靠先进的智能化交通管理手段实现准确有序的交通信息处理和交通管制，拥有专门的交通管制中心对整个城市的交通信息进行集中搜集、分析和处置。而且，获得交通信息的手段多样。如道路两旁的车辆感知器、交通事故报警系统、直升机、巡逻警车以及无处不在的摄像头都能提供及时准确的信息。此外，东京注重完善公交运营信息发布和换乘标志标牌，各停车场泊位情况也可通过网络实时

---

[1] 郭云：《关于日本综合运输体系的发展计划和方针政策》，《经济研究参考》1992年第Z2期。

[2] 谢志明、陈海伟：《日本综合客运枢纽交通衔接设计经验及启示》，《城市交通》2016年第5期。

查询，为乘客带来高质量服务。①

3. 德国：加强综合交通运输体系科学管理

德国是世界上最发达的国家之一，交通运输也处于全球领先水平，形成了包括公路、铁路、海运和航空运输等在内的发达的交通网络，加之德国先进的运输技术以及多式联运的大力发展，使得德国大综合运输体系颇具特色。② 中德两国在国情上存在较大差异，但是德国综合运输发展的先进理念、有效的协调机制与高水平的信息化和市场化管理都值得我们学习和借鉴。

在综合交通运输体系科学管理方面，德国摸索出了一套行之有效的制度和管理方法。一是明确各级政府在综合交通运输发展中的职责分工。德国联邦交通部负责联邦级别的交通基础设施建设（包括联邦公路、高速公路、铁路、内河航道、内河港口及海港等），交通运输法规制定，运输车辆管理，运输市场监管，安全监控及事故调查（包括空运），气象信息服务等；各州政府的交通运输管理机构具体负责州级公路的规划建设、交通运输协会的管理、地方铁路（包括私有

---

① 谢志明、陈海伟：《日本综合客运枢纽交通衔接设计经验及启示》，《城市交通》2016 年第 5 期。
② 陈明、王建刚：《综合与智能——德国综合交通运输体系和公路智能交通的启示》，《中国公路》2012 年第 2 期。

铁路）工程技术管理等。[①] 二是强调以科学交通规划带动综合交通协调发展。德国交通发展战略规划制订的基础是运输多样性研究，通过运输多样性研究，把交通规划放在一个更加广阔的层面上来考虑。德国还特别重视公众参与交通规划制订。在德国，交通规划过程中除了要统筹协调各方的需求和利益外，还要征求公众的意见。虽然规划周期比较长，但充分征求公众意见，有利于达到公众能够接受的环境、资源、效率和经济的平衡点，增强规划的科学性和可操作性，真正体现"以人为本"。[②] 三是提倡多种交通方式协调整合的城市公共交通发展模式，倡导多种交通方式相协调、整合式的交通合作发展模式。以绿色交通系统为基础，自行车、步行同公共交通结合使用，以及汽车共享等理念对城市交通产生了深远影响。四是促进区域公共交通一体化发展。德国为了加快公共交通发展，有意引导更多私人交通转向公共交通出行，各州根据经济交通联系，形成了几个大区交通运营管理机构，统筹推动区域公共交通的一体化建设、运营和管

[①] 陈明、王建刚：《综合与智能——德国综合交通运输体系和公路智能交通的启示》，《中国公路》2012年第2期。

[②] 苏靖棋：《德国铁路改革25年——联邦铁路局》，《现代城市轨道交通》2020年第5期。

理。① 比如，莱茵河地区打破地区界限和壁垒，以"一票通、一种报价、一张时间表"的服务理念，推进跨区域交通发展，形成更大区域的一体化运营服务网络，提升旅客运输服务水平。五是积极引导绿色出行，制定可持续发展的交通政策。比如，通过修建自行车专用通道、允许自行车上地铁或轻轨、提供自行车租赁服务等多种有效措施，引导公众选择自行车或步行等更加绿色环保的出行方式，以尽量减少对土地和不可再生能源的占用，实现可持续发展。②

4. 加拿大：统筹政府、企业和行业协会三者关系

加拿大拥有发达的综合运输网络，可以为任何国家和地区的各类公司提供全方位的高质量、高效率交通服务，综合运输服务已渗透到所有运输环节。

加拿大的综合运输发展，十分注重处理好政府、企业和行业协会的关系。一是政府以引导、监管与服务企业为主，也鼓励企业有序竞争。政府引导、监管与服务企业的作用充分体现在运输政策上。政府对交通运输实行充分的监管。面对铁路公司竞争力下降的情况，政府制定新的国家运输法令，放松对铁路运输

---

① 汪佳绮：《德国的城市交通体系》，《山东交通科技》2010 年第 6 期。

② 宛岩：《德国低碳型多式联运模式对我国的启示》，《宁波工程学院学报》2013 年第 2 期。

业的管制政策；出台相关法律，进行相关体制改革和调整相关政策，推进铁路运输的民营化，积极促进各种运输方式展开合法有序规范竞争。① 1996年，出台了《加拿大运输法案》，进行体制改革和政策调整，推进国家铁路公司的民营化，进一步开放市场，鼓励各种运输方式之间的竞争，运输市场形成的相互竞争局面为企业提供了更多、更广泛的选择余地，保证了运输服务的高质量和低成本。② 二是严格依法行政。交通运输管理部门的职能分工是依法来加以明确的。交通运输管理分成运输署和运输部两大部门。运输署负责运输法律的制定和实施，运输部负责交通安全管理。两大部门各司其职，完善法律体系，共制定80多部有关运输的法规，每一部法规又会形成若干个管理条例，依法进行交通管理，明确的分工防止了管理混乱，保证了交通运输管理的高效率和高质量。③ 三是充分发挥行业协会的作用。加拿大行业协会在政府与企业之间起着桥梁与纽带作用，对完善行业管理发挥着重要的作用。它一方面积极宣传政府的交通方针、政策和法

---

① 孟国连：《发达国家综合运输发展经验探析》，《商业经济》2013年第3期。

② 张亚：《加拿大交通运输战略规划2030年重点及未来交通发展趋势简析》，《科技视界》2018年第23期。

③ 张亚：《加拿大交通运输管理体制架构、职责及特点》，《交通建设与管理》2018年第4期。

规，另一方面代表企业利益反映企业的呼声，对完善交通政策和改善企业经营提出意见和建议。同时，行业协会从不同角度起到沟通情况、协调关系、提供信息、咨询服务等作用。①

（二）比较与启示

1. 国际经验比较

基于对美国、日本、德国、加拿大四个主要发达国家综合交通运输发展和相关政策的具体介绍，各个国家的异同点可以总结如表3-1所示。

表3-1　　　综合交通运输及相关政策的国际经验比较

	美国	日本	德国	加拿大
政府支持	强	强	强	强
管理和制度创新	强	中	强	中
信息化建设	强	强	中	强
法制保障	强	强	强	强
发挥市场力量	强	强	强	强
绿色发展	中	强	强	中

通过表3-1可知，这些发达国家综合交通运输体

---

① 徐文：《高度发达的加拿大交通》，《交通与运输》2010年第3期。

系建设，既注重发挥政府的管理和规划职能、进行管理和制度的创新，又充分利用信息化技术手段和重视发挥市场的力量，是政府和市场的双重作用共同推进了综合交通运输体系的绿色发展、可持续发展。

2. 政策启示

结合中国实际，国际经验对中国综合交通运输体系发展的政策启示主要包括以下几个方面。

(1) 继续深化综合交通运输体制机制改革

结合国际经验，继续深化交通运输大部门体制改革。按照中央大部门体制改革要求，切实加强铁路、公路、水路、民航以及邮政行业的统筹发展，完善与综合交通运输体系建设相适应的管理体制机制。交通运输大部门管理全国交通运输事业，其应充分发挥宏观上统筹、规划、协调各种运输方式相互配合的作用，促进交通运输体系和网络转变发展范式，向布局合理、结构协调的方向科学发展，充分发挥交通运输综合体系的整体功能和效益。建立完善的交通运输专业管理体系。除对各种交通运输方式进行整合，实行综合、统一的管理外，应注重决策权和执行权的适度区分，即主管部门与各职能部门之间要规定好事权。主管部门作为决策部门，应尽可能把相关具体管理职能下放至各运输方式自身的管理体系，保证交通运输管理的完整性和连续性。①

（2）完善综合交通运输法律法规和标准体系

法制化管理是综合交通管理机制良性运行的根本性制度保证。国外综合交通的成功发展无一不是通过完善的法律法规制度来约束和规范管理者和交通参与者的行为实现的。因此，中国综合交通运输在发展过程中同样要对法制化管理予以重视。目前，涉及中国综合交通运输管理领域的法律不完善，法律法规建设比较滞后。应加快制定《综合交通运输促进法》《多式联运法》等综合交通运输法规。加快制定铁路、公路、水路、民航、邮政、城市公共交通等领域法律法规，加强各种运输方式法规的统筹衔接。加强综合交通运输与环境、安全、城乡规划等相关领域法律法规的对接融合。完善综合交通运输技术标准体系，优化国家标准、行业标准、企业标准的管理界面，健全完善工程建设、装备制造、运营管理、运输服务等技术标准，实现各种运输方式技术标准的有效衔接，提升综合运输一体化服务水平。加强国际标准跟踪研究，推动综合交通运输优势特色技术标准转化为国际标准，提高综合交通运输标准的国际影响力和制度化话语权。②

---

① 荣朝和：《交通大部制应尽快转向综合运输政策管理》，《综合运输》2013年第10期。

② 新华：《"十三五"现代综合交通运输体系发展规划强调：完善法规标准体系》，《工程建设标准化》2017年第3期。

(3) 实施多式联运发展战略

第一,实施多式联运发展战略。应以强化不同运输方式的衔接协调、提高集装箱多式联运组合效率和整体效益、提升运输服务能力和现代物流发展水平、推动绿色低碳交通为根本目标,将集装箱多式联运作为经济新常态下国家发展战略,出台一系列促进集装箱多式联运发展的政策法律,提出系列化、可操作的行动计划。①

第二,建立集装箱多式联运协调机制。多式联运是一项跨行业、跨区域甚至跨国界的系统工程,涉及经济整体布局和相关利益格局调整,需要从国家层面建立强有力的联动协调机制,应设立由国家有关部委组成,铁路、公路、航运、港口及重点物流企业代表参与的多式联运组织协调机构,及时协调解决集装箱多式联运发展规划、总体布局、相关政策和技术标准等重点问题。②

第三,实施空铁联运双赢策略,协调高铁与民航竞争。民航和高铁在运输功能上有着不同的特点,如果能充分利用各自优势,寻找和建立新的合作格局就能够实现双赢。空铁联运将地面交通网与空中交通网

---

① 曹朝霞:《如何破解多式联运发展顽疾》,《现代物流报》2022年3月23日。
② 刘畅等:《我国铁路集装箱多式联运发展对策研究》,《铁道货运》2021年第7期。

有效连接起来，形成"地—空"立体交通网络。[①]

第四，制定相关激励政策。包括鼓励散堆装货物入箱运输，提高全社会集装化运输比例；鼓励公路货物运输向铁路和水运转移，提高铁路和水运集装箱运输的市场份额；设立多式联运场站公路集疏运绿色通道，对组合运输卡车实行税费减免。

第五，制定相关限制和监督政策。包括加强公路运输的超载超限检查和处罚，加强城市区域的环境监测和道路运输环境污染检查，对重点道路收取环境污染费等。

第六，制定相关补贴性政策。包括对标准的现代多式联运中心建设的财政补贴，对运输企业从单一公路货运向组合运输模式转变中的经济损失的补偿，对重点的海铁联运、国际联运集装箱班列在运行初期给予必要的财政补贴等。

第七，建立形成联运价格监测和调整机制。应建立货运价格监测机制，铁路不仅应加强对公路、水运货运市场价格的监测，还应对影响货运价格的居民消费价格指数（CPI）、人工成本、燃料动力、生产资料等宏观经济指标进行监测，逐步形成不同联运产品之间的合理比价关系。应尽快形成市场化的价格调整机

[①] 徐凤、杨文东、朱金福：《国际视角下民航与高铁的竞合策略》，《经济研究导刊》2012年第25期。

制。铁路应主动、及时掌握物流产生、流动、变化等情况，联合其他运输方式建立并形成基于市场的联运产品价格调整机制。

（4）促进城市综合交通发展①

新型城镇化发展离不开高效、低耗、智能的城市交通，"十三五"规划明确提出要"推进交通运输低碳发展，实行公共交通优先，加强轨道交通建设"，"十四五"时期应着力以下几点加强中国城市交通发展。

第一，转变管理思路，以市场需求为决策依据。在限制私家车使用中取消直接的行政干预政策，通过完善公共交通建设，鼓励汽车共享，提高高峰时段市中心用车、停车成本等措施积极引导城市居民减少在高峰时段使用私家车或提高私家车使用效率。

第二，进一步调整和优化运输结构。特大城市加快大容量轨道交通建设，形成以城市轨道交通等大运量快速交通为骨干，以常规公共交通为主体，以出租车、自行车等其他公共交通方式为补充的综合交通体系；大中城市形成以常规公共交通为主体，以小公共汽车、出租车为补充的综合交通体系；小城市应积极发展小公共汽车。

---

① 郑大明：《城市综合交通运输体系对我国经济发展的影响——评〈城市综合交通运输体系发展与规划〉》，《现代城市研究》2021 年第 11 期。

第三，加强枢纽场站的综合开发与利用。换乘物理距离最短化；优化信息服务和换乘空间；建立跨区域、不同交通方式间统一的票务支付系统；通过整合交通系统信息资源和客运站场管理信息资源，提供可共享的公众出行信息服务；注重交通设施与城市功能融合，将城市功能布设于客运枢纽的交通设施之间以及客运枢纽与周边主要设施之间。

第四，加快解决发展城市交通中的资金短缺问题。通过财税优惠政策减轻公交企业的税费负担；引入发行企业债券、建立公共交通发展基金等形式，建立新的公共财政专项投入机制；根据地方实际情况适当采用公私合作方式，化解城市公共交通民营化经营体制与公共交通公益性的矛盾。

（5）实现各类运输方式数据资源互联互通[①]

通过各种运输方式开放共享信息数据，加强各种运输方式和运输服务的衔接融合，推动综合交通运输体系建设。推进交通运输业与互联网深度融合，提高交通运输信息化水平，推进交通基础设施、运输工具、运行信息等互联网化，建设综合交通运输公共信息服务平台和交通运输大数据中心，全面整合交通运输数据资源，有序合规开放数据，开发提供丰富的数据产

---

① 纪建奎、曲杰卿、赵国善：《开展交通运输信息化建设有效路径探究》，《运输经理世界》2020年第13期。

品，提高服务水平。适应智能交通、混合动力汽车、物联网、云计算、大数据全球新兴技术的演化和相互作用趋势，加强规划统筹，加大信息化资金投入，建设和完善综合交通运输运行协调与应急指挥系统、智能交通云平台、综合交通运输大数据中心及开放共享平台、行业网络与信息安全监测管理平台、客运站及客运车船Wi-Fi网络试点工程、超高速无线局域网智慧交通应用示范工程、综合运输管理服务信息平台、公路网协同运行管理系统等，从而进一步加快节能减排，提高交通运输服务质量。

四　综合交通运输融合化：交旅融合的视角

交旅融合是实现交通功能旅游化、旅游交通便捷化和交旅产品共享化的重要方式，也是突破"核心—边缘"发展模式的有效途径，更是激活各类旅游资源的现实通道。交通运输是旅游业的重要引导力量，旅游业的发展又倒逼交通运输功能不断增强。在新发展阶段，交旅不仅要实现深度融合，更要实现高质量发展，而在这其中深度对接、功能提升、不断创新才是关键。目前中国交旅融合虽然取得了一些成绩，但仍处在初步探索的阶段，且面临不少问题。研究交旅融合高质量发展的理论机制、总结交旅融合高质量发展的主要模式、探索交旅融合高质量发展的实施路径有着重要的学术价值和现实意义。

（一）引言

近年来，关于促进交旅融合的顶层设计政策文件不断出台，加速推动交通与旅游的融合发展。2017年7月，交通运输部联合当时的国家旅游局等六部门，发布了《关于促进交通运输与旅游融合发展的若干意见》，提出进一步扩大交通运输有效供给，优化旅游业发展的基础条件，加快形成交通运输与旅游融合发展的新格局。交旅融合的发展开始受到广泛关注。同年11月，交通运输部发布关于组织开展旅游公路示范工程建设的通知，要求实践探索旅游公路建设经验，为进一步开展旅游公路建设、推进公路交通与旅游融合发展提供有益借鉴。国民旅游需求的显著增长，交通和旅游的融合发展，不仅衍生了新的市场需求，还进一步促进了交通和旅游两大产业的转型升级。2019年发布的《交通强国建设纲要》提出，要加速新业态新模式发展，深化交通运输与旅游融合发展，推动旅游专列、旅游风景道、旅游航道、房车营地、游艇旅游、低空飞行旅游等发展，完善客运枢纽、高速公路服务区等交通设施旅游服务功能。交通作为支撑旅游产业发展的核心要素之一，高铁旅游、汽车营地、服务区旅游、低空飞行、游艇旅游、邮轮游艇游等旅游新业态的出现，侧面展现出交旅融合发展的巨大潜力。2021年，中共中央、国务院发布的《国家综合立体交通网规划纲要》进一步明确提出，要推进交通与旅游融合发展，充分发挥交通的基础性作用，形成交旅协同发展的良性互动格局，标志着交旅融合进入了新的高质量发展阶段。2022年1月，国务院印发的《"十四五"现代综合交通运输体系发展规划》多处提到了"旅游"或"交通旅游融合发展"，力求把旅游业发展纳入综合交通运输体系建设中统筹考量。

交通运输作为人员流、物流、信息流、资金流等空间流动的重要载体[1]，是旅游系统的重要组成部分。由于旅游资源的不可移动性，旅游流的空间位移对区域交通系统有着高度依赖性[2]，交通为旅游业的发展提供了重要支撑。当前，交通产业和旅游产业融合发展的势头强劲，但纵观整个发展历程，二者在融合过程中仍存在一些问题和难点，比如定位不清晰、认识不到位、程度不够深、效果不够好等，导致交通设施与旅游发展不协调、旅游景区内部和周边交通循环不合理、交通运输与旅游业规划联动程度不够等现象，单一化的发展模式没有得到根本性的解决。在"十四

---

[1] P. Kruaman, "Space: the Final Frontier", *The Journal of Economic Perspectives*, No. 12, 1998.
[2] 马勇、唐海燕：《交旅融合背景下高铁与旅游高质量协同发展研究》，《旅游学刊》2021年第12期。

五"新发展阶段,优质旅游产品供给不足、旅游服务水平不高等问题也是抑制旅游产业高质量发展的重要因素。因此,交通产业和旅游产业的深度融合,一方面,要能够为旅游者提供从出发地到目的地的基础支撑,满足市场需求的同时有效扩大交通运输供给,改善交通运输条件;另一方面,还需借助旅游活动的繁荣为交通产业创造新的发展空间,释放产业活力,真正实现二者的共生共融、互补发展。

随着全域旅游的推进和大众旅游时代的到来,对旅游业的高品质发展提出了更高的要求。交通产业作为促进旅游业成功的关键因素,能够实现对人和消费的"搬运",从而为地方经济发展带来新的动力。交旅融合不仅是产业转型升级的内在要求,更是推动社会主义交通强国和旅游强国建设的重要力量。然而,如何推动交通和旅游融合真正走深、走实,交旅融合催生出的各类新型业态、产品在实践层面落地,实现深度融合并取得实质成效,仍需要理论探讨和实践探索。因此,准确把握交旅融合内涵,深入探讨交旅融合高质量发展的理论机制、模式与路径具有重要意义。

针对交通产业与旅游产业发展关系的研究,国外学者开展得较早也较深入。大量学者从交通可达性的角度探讨了交通对旅游业的影响。Lamb 和 Davidson 认为,交通运输对旅游业的发展至关重要,因为它直接连接了供给与需求，从而为旅游目的地提供可达性。[①]如果没有交通可达性，旅游业根本无法发展。[②] 可达性不仅被定义为向游客提供到达目的地的能力，还被界定为游客在到达目的地后使用运输服务的能力。交通可达性的因素包括交通方式、运输网络的连接性、旅游成本等，这些因素不仅影响了游客在途中的感知，还影响着旅游目的地的吸引力。[③] 此外，还有学者从交通成本变化对旅游业发展及其空间格局的影响、交通基础设施与旅游目的地吸引力的关系、交通方式变革对旅游行为及其空间模式的影响、交通对区域旅游一体化的影响、交通网络对旅游业发展的影响等方面展开了研究。[④]

国内对交通产业与旅游产业的相关研究，主要集中在交通对旅游经济、旅游生产率、旅游者行为、旅游空间结构等方面的影响，交通与旅游的协调发展，交通与旅游消费的关系等方面。张广海和赵金金通过

---

① B. Lamb, S. Davidson, "Practicing Responsible Tourism: International Case Studies in Tourism Planning, Policy and Development", *Tourism Analysis*, No. 2, 1996.

② J. Chew, "Transport and Tourism in the Year 2000", *Tourism Management*, No. 8, 1987.

③ C. Currie, P. Falconer, "Maintaining Sustainable Island Destinations in Scotland: The Role of the Transport tourism Relationship", *Journal of Destination Marketing & Management*, No. 3, 2014.

④ G. I. Crouch, "Demand Elasticities for Short-Haul versus Long-Haul Tourism", *Journal of Travel Research*, No. 33, 1994.

构建回归模型，分析了交通基础设施对区域旅游经济的影响。① 罗金阁等运用引力模型对粤港澳大湾区的铁路交通可达性和旅游经济联系强度进行了测算和分析。② 郭向阳等采用实证模型，分析了长江经济带快速交通系统对城市旅游生产率的影响。③ 张文新等从旅游目的地、交通方式、线路选择等方面，分析了高速铁路对南京市旅游客流的现状及变化的影响。④ 宫斐探讨了高铁出行与城市居民旅游感知的关系，并进一步考察了不同认知群体的高铁旅游感知特征及行为差异。⑤ 殷平证实高速铁路的建设与运营会引发旅游区位布局的变化，对旅游空间结构产生影响。⑥ 汪德根等证实高铁的建设会增强区域旅游流的空间集聚，并产生溢出效应。⑦ 刘安乐等对滇中城市群交通网络与旅游业的发

---

① 张广海、赵金金：《我国交通基础设施对区域旅游经济发展影响的空间计量研究》，《经济管理》2015年第7期。
② 罗金阁、张博、刘嗣明：《粤港澳大湾区交通可达性与旅游经济联系空间关系》，《经济地理》2020年第10期。
③ 郭向阳等：《长江经济带快速交通系统对城市旅游生产率的影响效应分析》，《经济地理》2021年第12期。
④ 张文新等：《城际高速铁路对城市旅游客流的影响——以南京市为例》，《经济地理》2013年第7期。
⑤ 宫斐：《高铁对广西城市居民旅游感知与行为的影响》，《经济研究参考》2016年第25期。
⑥ 殷平：《高速铁路与区域旅游新格局构建——以郑西高铁为例》，《旅游学刊》2012年第12期。
⑦ 汪德根等：《区域旅游流空间结构的高铁效应及机理——以中国京沪高铁为例》，《地理学报》2015年第2期。

展进行了耦合分析。① 朱向梅和张静基于引力模型，深入剖析了黄河流域交通产业和旅游产业间协同发展的内部机理。② 姚红证实高铁开通能够扩大旅游产品的供给，增加人们的旅游消费。③ 马佳进一步探讨了交通可达性对中国城镇和农村居民旅游消费的增值赋能效应。④

（二）交旅融合高质量发展的理论机制

1. 交旅融合的内涵解析
（1）交旅融合的概念

产业融合是指产业之间相互交叉渗透最终形成新的产业的动态发展过程。⑤ 交通和旅游的融合发展作为一种动态优化的过程，能够在实现交通和旅游业态创新、功能升级、产业转型的基础上，衍生出新的市场需求，实现消费水平和规模的扩大。交旅融合发展逐

---

① 刘安乐等：《滇中城市群交通网络与旅游业耦合发展研究》，《世界地理研究》2017年第1期。
② 朱向梅、张静：《黄河流域交通业与旅游业协同发展研究》，《科技和产业》2022年第2期。
③ 姚红：《高铁开通对旅游消费z的影响及其区域异质性研究》，《商业经济研究》2021年第6期。
④ 马佳：《扩大内需背景下交通可达性对城乡居民旅游消费的增值效应》，《商业经济研究》2022年第3期。
⑤ 王朝辉：《产业融合拓展旅游发展空间的路径与策略》，《旅游学刊》2011年第6期。

渐成为全国许多地区发展的重点任务之一。交旅融合一般通过对交通运输的提质升级、旅游资源的深度挖掘、市场要素的优化配置、交旅融合的产品开发、服务水平的综合提升等形式实现，以形成"1+1>2"的复合叠加效应。其市场需求主要来自旅游业的刚性需求和地方经济发展的需要。黄睿等认为交旅融合是指交通和旅游要素之间在设施、产品、产业、空间、服务和管理等方面相互渗透、交叉汇合或整合重组，彼此交融而形成的协调共生现象与过程。[1] 此外，交旅融合还包括理念融合、技术融合和功能融合等方面，以实现交通提升旅游功能、旅游带动交通转型的良好格局。

（2）交通与旅游的关系

在交通与旅游关系的讨论中，Jameel 和 Boopen 认为交通基础设施直接决定了旅游客流的可进入性、方便性和快捷性，对旅游流的形成和聚集具有重要作用[2]，便利的交通系统是吸引游客的关键要素。Page 研究发现，交通成本的增加可能会影响旅游系统中的其他要素，而交通系统的不足也会导致旅游

---

[1] 黄睿等：《基于感知视角的交通和旅游融合发展影响因素与动力机制》，《中国名城》2021 年第 1 期。

[2] K. Jameel, S. Boopen, "Transport Infrastructure and Tourism Development", *Annals of Tourism Research*, No. 34, 2007.

者寻求其他具有替代性的旅游目的地。[1] 交通作为旅游业发展的重要引擎，旅游业的发展也会进一步要求更高品质的交通服务。因此，交通和旅游是相互促进、相得益彰的关系，交通产业与旅游产业的融合发展具有内在逻辑的统一性。从旅游角度来看，一方面，交通是旅游六要素的必备要素之一，作为旅游业发展的基础条件，交通可达性会对旅游目的地的吸引力、客流量以及经济效益产生直接影响；另一方面，交通本身也可以作为旅游景区、景点，吸引旅游者。从交通角度来看，发达畅通的交通运输网络是游客选择出行和旅游目的地的关键因素，也是影响旅游资源合理开发利用、加强区域旅游合作的重要因素[2]，交通方式的革新和交通条件的改善是推动旅游业发展的重要力量。从产业关联性来看，交通运输业与旅游业是中国国民经济中紧密关联的两个产业，二者拥有相互利用的资源要素，且都具备拉动内需、促进经济方式转变的重要特征。从共有的功能属性来看，交通产业和旅游产业都具备就业增收、促进共同富裕等功能，能够服务相关产业发展、带动地方经济增长。

---

[1] S. Page, *Transport for Tourism*, Routledge, 1994.
[2] 王兆峰、石献：《武陵山片区旅游业与交通协同发展研究》，《经济地理》2016年第2期。

(3) 交旅融合的意义

交旅融合所形成的"1+1>2"的复合叠加效应，是实现交通功能旅游化、旅游交通便捷化和交旅产品共享化的重要方式，也是突破"核心—边缘"发展模式的有效途径，更是激活各类旅游资源的现实通道。[①] 以河北省张家口市张北县的草原天路为例，通过将沿线的休闲观光、乡村旅游等资源合理串联，为沿线村庄发展民宿、农家乐等特色旅游产业提供了有力保障，对建设美丽乡村、实现共同富裕有着重要意义。交通产业和旅游产业的深度融合，不仅能够促进交通运输业提质降本增效，带动沿线地方经济快速发展，而且能够深化旅游供给侧结构性改革，为旅游产业发展提供新的增长极，最终实现两大产业的转型升级，促进二者协同高质量发展。

2. 交旅融合高质量发展的关键

交旅融合的目的在于实现多产业和多业态的整合，即在旅游需求的引导下，充分整合双方资源，有效培育经济发展的新动能，在发展路衍经济的同时，服务相关产业的高质量发展，从而带动区域经济的显著增长。交旅融合高质量发展的关键包括以下三个方面。

[①] 曹春明、陈忱、黄涛：《交通运输与旅游数据融合应用研究》，《交通世界》2020年第27期。

第一，深度对接。交旅融合不是交通和旅游简单的要素叠加，而是一种互动的资源整合，要通过系统内部的耦合关系促成两者产生"化学反应"，从而达到"1+1＞2"的集聚效果。要实现这一目标，其一应当思考的是交旅融合"融什么"的问题。基于产业融合理念，产业间的融合是指不同产业或同一产业内的不同行业相互渗透、相互交叉，最终融为一体，逐步形成新产业的动态发展过程。[①] 交旅融合作为系统性多元方式的交融，包括交通和旅游在理念、技术、产品、功能、空间、服务等多方面的融合。其二是交旅融合"如何融"的问题，即以何种渠道融、何种方式融。施庆利认为应重点在基础设施、运输服务和管理服务三个方面促进交旅的深度融合。[②] 杨文强和王伟提出了从顶层设计到基础设施再到服务功能的交旅融合发展模式。[③] 赵丽丽和张金山进一步提出交通设施、交通组织和交通媒体与旅游融合的三种模式。[④] 基于此，才能够科学地回答如何促进交通产业和旅游产业的深

[①] 厉无畏、王慧敏：《产业发展的趋势研判与理性思考》，《中国工业经济》2002年第4期。

[②] 施庆利：《立足产业融合，培育新兴动能——山东省"交旅融合"形势及对策浅析》，《中国市场》2018年第16期。

[③] 杨文强、王伟：《昆山市交通运输与旅游产业融合发展研究》，《交通企业管理》2019年第6期。

[④] 赵丽丽、张金山：《交旅融合发展的机理、领域及未来趋势》，《中国公路》2021年第5期。

度对接，找到二者之间的契合点，促进交旅深度融合发展。

第二，功能提升。旅游功能结构系统包括旅游客源地、旅游目的地和旅游交通。旅游交通作为连接旅游目的地和旅游客源地的重要纽带，是游客实现高质量旅游的重要前提，应当将旅游交通作为旅游产品来考量，从而满足"快进慢游"的需求。因此，交旅融合的关键还在于二者功能的同步提升，表现为旅游业能够通过其强大的延伸产业链功能，带动上下游产业关联发展，交通运输则通过其对旅游空间格局、资源开发、游客偏好以及旅游经济等方面产生影响，实现融合发展。对于现在的交通系统而言，除了具备传统的交通运输功能、接待服务功能以外，还应增加民生功能、拓展产品功能、延伸文化功能、建立信息功能，形成独具地域特色的复合功能型交旅融合产品，最终实现从原来的单一交通功能向综合旅游功能的转变。此外，完善的交通枢纽网络也是汇集旅游流的基础，因此，还应对交通枢纽功能进行系统性的提升，既要借助枢纽功能实现对周边旅游的控制力，又要能使目的地与枢纽功能融合发展。

第三，不断创新。交旅融合，贵在创新。在数字经济、新基建转型和智慧高速发展的背景下，创新是引领交旅融合发展的第一动力。然而，对于现有的旅游公路、旅游风景道、旅游服务区、旅居车营地、交旅融合文创产品而言，还处在初步发展阶段，能够在特色、功能、价值、核心吸引物上有创新的交旅融合产品较少，尤其是一些交通道路的封闭性过强，对沿线土地的利用率不高，存在路衍产业开发率低、服务品质不高等问题。同时，大多数服务区、休息驿站等仍处于较为传统的发展阶段，普遍存在经营业态单一、商业布局简单等现象，忽视了大众在旅途中的体验感，无法满足人们高品质、多样化和个性化的旅游需求。因此，还需不断创新交旅融合的发展模式，强调交旅融合的思维创新、理念创新、体制创新、产品创新、技术创新、服务创新、人才创新等，注重打造具有吸引力的交旅融合产品、业态及模式，实现交旅融合新的突破。

3. 交旅融合高质量发展的逻辑

交通产业与旅游产业若想实现高质量的融合发展，必须具有内在逻辑的统一性，主要通过体制、资源、产品、科技、服务和人才等维度的融合来体现。其中，体制融合是交旅融合高质量发展的保障，包括交旅融合运行机制、交旅融合发展规划、交旅融合法律政策体系等；资源融合是交旅融合高质量发展的基础，包括交旅融合资源的类型、数量和等级，其中产业融合是资源融合的核心，包括上下游产业链的覆盖程度，"交旅+"新型产业业态的打造等；产品融合是交旅融合高质量发展的主体，包括产品供给的目标，现有产品的丰富度、个性化、特色化及创新化程度；科技融合是交旅融合高质量发展的手段，包括交旅融合的数字化与信息化程度，对互联网、大数据、人工智能等新兴技术的熟练掌握能力与应用程度等；服务融合是交旅融合高质量发展的过程，包括基础设施建设、配套设施建设、运输服务功能、管理服务水平等；人才融合是交旅融合高质量发展的支撑，包括交旅从业人员的数量、比重、学历、行业从业年限等（见图4-1）。

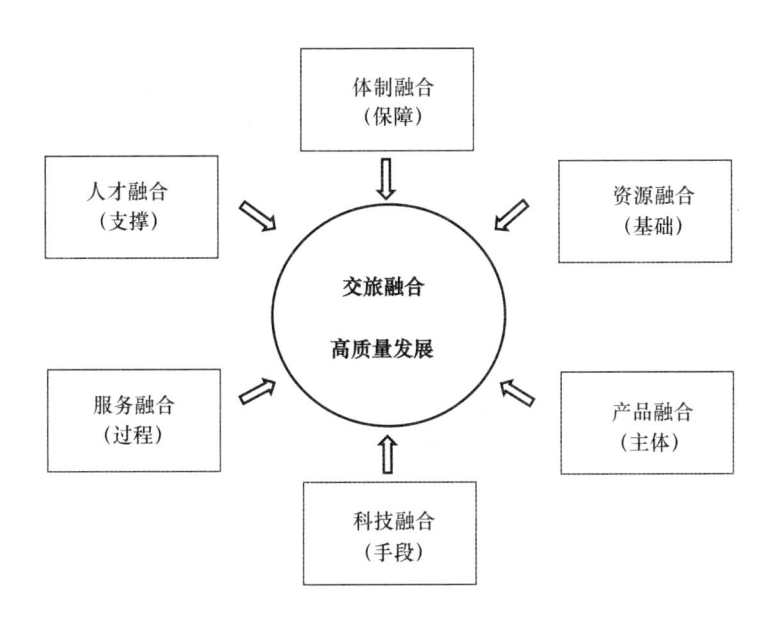

图4-1 交旅融合高质量发展的简要逻辑关系

（三）交旅融合高质量发展的主要模式

交旅融合的高质量发展在于将交通线路与旅游线路、交通设施与旅游设施、交通资源与旅游资源、交通站点与旅游景点、交通主体与旅游主体等多方面进行深度融合，从而形成交旅融合发展的新格局。交旅融合高质量发展的模式具体概括为：依托交通服务设施的交旅综合体、依托交通道路升级的旅游目的地、依托交通运输工具的旅游产品线、依托交通和旅游主体的交旅融合共四种模式。

1. 依托交通服务设施的交旅综合体模式

交通服务设施作为满足游客交通需求，促进地方旅游经济增收的重要抓手，主要包括服务区、公路驿站、慢行驿站、观景区等。随着旅游休闲、文化传播、商品展销、高端食宿等功能的融入，交通服务设施不再仅是解决观景、停车、加油、餐饮、卫生间等基本功能需求的场所，而是变成一个个小型的交旅融合综合体，能够为游客带来全方位的旅游体验。以服务区为例，"服务区+旅游"的发展模式不仅取决于服务区及线外用户的需求，还包含旅游服务、餐饮住宿、商业购物、休闲娱乐、文化展示、接驳集散等一系列拓展服务和延伸服务功能。[①] 在距离"世界文化与自然遗产地"武夷山风景区仅 7000 米的武夷山服务区，除了设有餐饮、购物、休闲等区域以外，还设有采摘园、户外拓展基地等，是集"高速 + 生态休闲 + 度假购物 + 自驾车营地"为一体的旅游型服务区。[②] 浙江桐庐服务区作为杭千高速公路的主要服务区，被誉为国内首个最美高速公路旅游休闲服务驿站，服务区内专门设有女性停车位、残疾人停车位等无障碍设施，还能提供旅游咨询、送货到车边、上网茶吧等 20 余项便民服务。此外，秦岭隧道群之间的秦岭服务区，更是变身历史文化景观，向人们展示了蜀道的发展历史，也诠释了文化、旅游和交通融合的深刻内涵。通过从基本服务向多样化服务的逐步拓展，依托交通服务设施的交旅融合综合体模式为提升公路附加值、创新旅游空间提供了新的方式，这是市场环境下的商业选择，也是满足游客多元化、高品质需求的重要手段，更是加快推动经济高质量发展的必然要求。[③]

[①] 李齐丽等：《新时期"服务区 + 旅游"发展模式及功能定位》，《交通节能与环保》2021 年第 2 期。

[②] 钟莉娜、李正欢、王军：《武夷山市旅游发展与景观格局演变的联动关系》，《经济地理》2022 年第 3 期。

[③] 万俊斌：《高速公路服务区发展的经验与启示》，《交通运输部管理干部学院学报》2019 年第 4 期。

2. 依托交通道路升级的旅游目的地模式

作为交旅融合的重要载体，交通道路升级除了能够满足旅游者在途中的体验感外，还能将原有的通道变成旅游风景道、自驾道等，形成以交通方式和设施为主要体验方式和目的地的旅游形态，比如美国 66 号公路就是将公路本身作为体验对象，而将行驶过程作为旅游目的的典型案例。对于旅游风景道而言，其生态环境、森林植被覆盖率和空气质量能够为人们提供各式各样的旅游消费场景，通过将其沿线的各类资源、线路和产品有机相连，打造新型旅游目的地，从而促进旅游传统业态的转型升级。[①] 以四川乐山大渡河旅游风景道为例，它将大渡河沿线的旅游资源、佛教文化与水路、公路、铁路等交通道路联系在一起，通过文化体验与旅游空间的有机整合，形成了集参佛、拜山、渡河为一体的交旅融合目的地。同样，杭州千岛湖环湖骑行风景道通过将沿线所有景区和旅游特色村的人文、自然旅游资源串联的方式，融合了全域旅游各类业态，并依托观景平台、骑行营地和精品民宿等配套设施，吸引了大量国内外游客。[②] 此外，被称作"此

[①] 李磊等：《风景道的交通文化价值：挖掘、整合与重构——以哈密东天山风景道规划为例》，《公路交通科技》2020 年第 S1 期。

[②] 徐颖、张淑萍：《论全域旅游背景下我国旅游风景道的建设发展》，《齐齐哈尔大学学报》（哲学社会科学版）2022 年第 2 期。

生必驾"公路的318国道,集雪山草原、湖泊冰川的壮丽美景和东西汉藏、南北羌彝的人文历史为一体,依托其开放式的旅游资源,将现有道路从单一的交通项目升级为具有市场认知度的世界级旅游目的地。依托交通道路升级的旅游目的地模式的关键在于,要基于差异化的道路景观并依托现有的交通线路进行各类旅游服务功能的创新,从而将小众的自助游、自驾游目的地转变为面向大众市场的旅游目的地。

3. 依托交通运输工具的旅游产品线模式

《国家综合立体交通网规划纲要》提出,要强化交通网"快进慢游"功能,支持红色旅游、乡村旅游、度假休闲旅游、自驾游等相关交通基础设施建设,健全重点旅游景区交通集散体系,鼓励发展定制化旅游运输服务。近年来,随着游客旅游需求的不断提升,交通运输服务业也越发趋于品质化、多元化和个性化方向发展,游客的在地消费更多地拓宽到在途消费,以点对点形式为主的传统接驳工具逐渐演变为集"食住行游购娱"为一体的综合旅游体验空间,专列客车、观光巴士、邮轮等旅游交通创意产品应运而生。以专列客车为例,穿过粉色桃花海远眺长城的北京S2线可谓是此类模式的典型,被誉为"开往春天的列车",极具市场吸引力。同时,开行于四川成都的"熊猫专列"，集旅游观光、休闲度假、研学旅游为一体，不仅能够畅享娱乐服务，还能专享主题文化餐厅，体验用模拟灯光打造的沉浸式夜空。2021年《浙江省水运发展"十四五"规划》中也提到，要推进"内河+旅游"的融合发展，丰富完善水上客运旅游产品，创新交通与经济融合发展模式。基于此，杭州西溪湿地、千岛湖、钱塘江、富春江等多地推出了"游船夜游+沉浸式演出"的新模式，在原有单一的游船夜游基础上，加入不同于传统剧场定点演出的沉浸式演出，打破了游船空间概念，打造出水上交旅融合的新兴产品。此外，重庆"黄金5号"邮轮也推出了都市夜游项目，涵盖餐厅、影院、客房、购物街、健身房、剧院、儿童游乐场、直升机停机坪等设施，不仅能够在江上欣赏洪崖洞的灯火及两岸风光，还能品尝重庆美食，体验多样娱乐设施，刺激游客多重消费，成为独具特色的交旅融合创意产品。此类依托交通运输工具的旅游产品线模式，能够很好地将旅游消费场景与公共交通融合，通过发掘具有吸引物价值的公共交通线路项目和产品，将运输过程变为旅游过程，将"途旅分离"变为"途旅一体"，有效推动"交通线"引领"风景线"，实现"诗和远方"的完美结合。

4. 依托交通和旅游主体的交旅融合模式

随着交旅融合发展的不断深入，交通产业和旅游产业的主体之间也开始呈现融合发展的态势。具体分为三种类型。

第一，交通主体与旅游的融合。一些汽车制造企业、物流服务企业开始逐步进军旅游业，通过设立专门运营和管理交通旅游产品的机构，拓展新兴发展领域。例如，铁路工程建设集团成立了专门投资运营旅游业的公司，实现了企业的转型升级。黑龙江省交通投资集团通过与牡丹江市的合作，建设了一批精品汽车营地，开通镜泊湖直升机低空观光旅游等项目，在丰富旅游业态、增添特色体验的同时，形成了集旅游观光、休闲度假、自驾体验、户外运动为一体的生态旅游产业链。

第二，旅游主体与交通的融合。以在线旅行社、旅游景区为主的旅游主体开始大力开发交旅融合产品，在便利游客出行的同时，丰富市场供给，践行企业社会责任。《"十四五"旅游业发展规划》中提到，要推动停车场、旅游集散中心、旅游咨询中心、游客服务中心、旅游专用道路等的数字化、智能化改造升级。基于此，同程旅行开始加速布局智慧交通领域，利用智能技术持续开发慧行系统，为游客解决出行痛点。

第三，交通主体与旅游主体的相互融合。双方以成立交旅集团的方式，将原有单一形式的交通投资集团和旅游投资集团通过战略转型升级为交通旅游投资集团，比如重庆交旅投资集团、遵义交旅投资集团等。通过双方优势资源的整合，加速交旅融合新业态和新模式的发展，推动一系列交旅融合产品的打造，创新并完善交通运输和旅游服务功能的整合，全面推动交通产业和旅游产业的融合发展。

（四）交旅融合高质量发展的实施路径

1. 体制磨合保障交旅融合高质量发展

现阶段，交通和旅游融合体制机制仍存在一定程度的制约，主要表现为发展内容、发展方式和发展主体的差异。交通运输向旅游产品和服务转化的体制机制仍存在障碍，包括航空运输工具的飞行空域、航线的前置审批问题、自驾车房车露营地的用地问题等。因此，体制机制的完善与磨合是实现交旅融合高质量发展的前提条件。[1] 其一，应当建立健全交通运输与旅游融合发展的运行机制，建设相应的法律政策体系，在顶层设计上持续发力，规范交旅融合的发展秩序，保障两者可持续发展。其二，持续推进交旅融合的体系建设，将交旅融合作为新发展引擎，融入推动区域协调发展、助力乡村振兴的新发展格局中，强化交通产业与旅游产业在市场、

---

[1] 赵丽丽、张金山：《交旅融合发展的机理、领域及未来趋势》，《中国公路》2021年第5期。

产业、资源、技术等多方面的深度融合。其三，推动交旅规划与其他发展规划有机衔接。比如，推进交通运输规划、旅游发展规划与经济社会发展规划、城乡建设规划、土地利用规划、风景名胜区规划等相互嵌入，实现多规合一，从而破解制约交旅融合发展的体制机制障碍，实现二者的高质量融合。

2. 资源整合推动交旅融合高质量发展

交通拥有的资源是"物"，旅游拥有的资源是"人"，"人"和"物"的融合是高质量交旅融合的前提。通过将各类资源有效整合，不仅能够实现交旅融合的高质量发展，还能促进地方经济和相关产业的快速发展。比如，交通产业应当以更多元、更开放的理念助力旅游消费，为游客构建更加舒适畅通的"快进慢游"网络，盘活路域资源，创新消费形式，扩大消费范围，拓展消费新业态，打造路衍经济。又如，旅游产业也应当为交通资源的价值变现提供高质量的消费者，对具有历史文化价值的交通遗迹，如"丝绸之路""茶马古道""蜀道""京杭大运河"等，实现科学与创新相结合的保护、利用、传承和弘扬，为创新交通旅游产品，促进二者的高质量可持续发展贡献智慧。产业融合作为资源融合的核心，还可以通过实施"交旅+"战略，有效地推动交旅融合高质量发展。

通过找准产业结合点，在推进高铁旅游、服务区旅游、房车旅游、游艇旅游、邮轮旅游等已有的交旅融合发展业态提质升级的基础上，开发兼具二者特色的新业态，打通上下游产业链，通过交通旅游与制造、物流、文化、体育、农业、康养等相关产业的融合，催生出新的业态，实现第一、第二、第三产业的融合发展。以珠江为例，通过将其码头岸线资源、港口配套资源等交通资源与沿线的红色教育基地等红色旅游资源相结合，充分发挥其港口文化、"海丝"文化等优势，在打造沉浸式红色旅游体验的同时，进一步推动邮轮、游艇的联动发展。[①] 此外，对于资金资源而言，交通产业和旅游产业的各类市场主体可以通过设立产业基金的方式，创新项目投资平衡，破解资金筹措难题，为实现交旅融合高质量发展提供支撑。

3. 产品升级促进交旅融合高质量发展

目前，交旅融合的产品开发仍存在定位不明确、地方特色不突出、规划设计不合理等问题，在一定程度上制约了交旅融合的高质量发展。例如，在旅游公路的建设过程中，由于地方政府或规划部门对当地旅游资源和历史文化的了解程度不够，定位不明晰，规

[①] 孙晓东、林冰洁：《中国邮轮产业有形之手：政策创新与产业演化》，《旅游科学》2021年第6期。

划设计理念较为固化，交通运输公路在建设时缺乏地方特色，与沿线的旅游景观、历史文化等不相匹配，缺乏吸引力。因此，一方面，要明确优质旅游产品供给的不同目标。面向国内大循环背景下的国内游客的优质旅游产品和面向国际大循环背景下的入境游客的优质旅游产品供给是不同的，通过交旅融合所实现的文化传承和文化传播也对应着两个不同的要求，对于具有重要民族传统文化和历史价值的交通遗迹、遗存，应当进一步推动交通文化的发展与交通精神的传播。另一方面，应当深度整合交通运输与旅游资源，促进交旅融合产品的提质升级。交通产业在发挥承载、运输作用的同时，还应充分发挥创新、创意优势，将交通资源转化为交通创意，深入挖掘地方特色。对于旅游公路而言，应当在遵循交通和旅游各自规律的基础上，打造集交通运输、旅游体验、生态景观、信息服务等功能于一体的创新型交旅融合道路，深度串联各地优质旅游资源，建立独具地方特色的旅游环线，推动交旅融合产品升级。对于旅居车营地、旅游驿站而言，可以将其打造成为高品质的区域性旅居车网络，开发具有通达性、娱乐性、教育性等复合功能的交旅融合产品和路线。低空旅游方面，在注重旅游观光的同时，还应加入研学、运动体验等主题产品，加速低空旅游与休闲度假、野外探险、农林观光、婚礼庆典等业务的跨界融合，有效提升低空旅游产品的消费者黏性。通过实现交旅产品的创意融合与提质升级，形成一批具有高知名度的交旅融合品牌，示范带动交旅融合的高质量发展。

4. 科技创新赋能交旅融合高质量发展

人工智能、大数据、5G、物联网等新兴技术的不断发展，带动了新型基建的发展趋势，以智能、融合、融通为特征的新科技革命和产业革命蓬勃兴起，也深刻影响着交旅融合的发展。然而，现阶段交旅融合仍存在数据不共享、智能化程度不高、缺少智慧决策支持平台等问题。因此，以科技创新赋能交旅融合高质量发展成为应有之义。

第一，建立交旅融合大数据中心，实现基础地理信息、交通基础数据、视频监控数据、环境信息、景区信息、游客、事件的融合，从而化解智慧化服务与"信息孤岛"的矛盾。对于游客而言，可以通过计算分析其交通需求、客源地信息等，实现旅游交通的精准服务。对于景区而言，通过将交通和旅游两大行业的数据融合，能够实现景区接驳运输监测、交通态势分析、周边道路态势监测[1]，从而提升景区周边道路运

---

[1] 吴传强、梁楠、徐可：《基于大数据技术的智慧交通场景应用》，《中国自动识别技术》2021年第6期。

行情况的监测、保障和信息服务水平。比如，可以利用大数据，实时发布景区游客人数、景区游客舒适度指数等，为游客出行提供便利。

第二，打造交旅融合数字化平台。通过建立涵盖旅游资源信息服务、全景漫游展示、环境动态监测、智慧出行、智慧泊车、无人机监控等子系统的交旅融合综合信息服务平台，实现数字平台出游网建设。

第三，通过数字化、网络化、智能化方面的技术加持，快速布局智慧交通领域，让远方更易抵达。通过推动智慧交通行业在公交、枢纽、停车、车辆监管、道路数字感知等方面的应用，提升交通运输数字化水平，以"技术下沉"推动欠发达地区、乡村地区汽车票的数字化，提升支付方式的多样性和出行轨迹的可追溯性，打通更多出行的"最后一公里"。

第四，通过发挥智慧产业的牵引作用，将传统的高速公路、铁路等与仓储物流、乡村旅游等融合，形成轻资产、高科技含量、高附加值的"新基建＋新消费"的发展新模式。

5. 服务提质促进交旅融合高质量发展

服务质量和效益的提升是交旅融合实现高质量发展的重要过程。具体而言，做好基础交通服务设施建设和景区配套设施建设。

第一，构建高效率的"快进"网络。提升干线公路的技术等级和路况水平，充分发挥对沿线景区景点的串联作用，优化高速服务区、旅游驿站等的服务配套设施。持续推进航空运输服务创新，提升个性化服务水平，优化旅客体验，实现用服务留人。比如在确保安全的情况下，为旅客提供空中Wi-Fi，实现空地互联。通过有效缩短旅客中转时间，提升旅客进出舱效率。另外，应当根据航点地域特点、航线旅客构成，推出具有地方特色的机上餐食，提升旅客满意度。

第二，构建高品质的"漫游"系统。根据沿线自然景观、地方特色、民俗文化和旅游资源，打造集畅通、体验、娱乐、运动、康养、文化为一体的复合型交旅融合线路。注重对沿海、环山等公路的建设，加强对自行车道、步道等慢行设施的建设，完善农村公路网络、乡村旅游线路建设，提高农村公路网密度和通达深度。

第三，充分拓展交旅融合的运输服务功能。根据旅游业的实际发展需求，优化配置旅游城市、旅游目的地的客运班次，加强服务景区客流的公共交通运输组织。[1] 例如，强化城乡之间客运线路的基础设施建设和旅游服务质量，开发具有广泛影响力的民族特色线

---

[1] 施庆利：《立足产业融合，培育新兴动能——山东省"交旅融合"形势及对策浅析》，《中国市场》2018年第16期。

路，增添红色旅游、乡村旅游等专线和旅游班车，支持闲置客运巴士向旅游专车转型升级。同时，注重交通站点的有序衔接，构建层次分明的交旅服务网络。

第四，提升交旅融合管理服务水平。通过建立共享机制的交旅融合信息服务平台、数据收集系统和智能指挥中心等，实现对旅游客流在流量、流向、流质、流效等多个方面的有效管理。同时，健全并完善交旅行业的服务监督机制与评价模式，打造宜居宜游的交旅融合高质量服务网络。

（五）人才培养引领交旅融合高质量发展

第一，高度重视交旅人才培养，把交旅人才队伍建设作为引领交旅融合高质量发展的重要抓手。一方面，应当优化顶层设计，从政策层面打破交通和旅游人才培养各自为政的现象，通过推进学科建设、调整专业设置、引进教育新理念、革新教学方法、搭建人才聚集高地等方式，为交旅人才培养行动提供指导。同时，还应拓宽培养渠道，大力推进国际合作，注重资源共享。另一方面，应当注重交旅实践平台的打造，鼓励建设交旅融合创新创业基地、交旅融合研学基地、交通和旅游产业学院等，开展交旅融合创意策划大赛、交旅融合论坛等竞赛或项目，在提升专业能力的同时，强化理论与实践的结合。

第二，顺应时代发展和科技进步的新要求，不断提高交旅融合人才培养质量。具体而言，一是强调积极向上的素质要求。在推动社会主义交通强国和旅游强国建设的背景下，提升交旅人才的思想政治素养显得尤为必要。交旅从业者应当树立正确的价值观，坚定文化自信，强调自身服务意识，强化自身抗压能力，勇于创新，敢于担当，增强自身责任感与使命感。二是强调综合型知识要求。既要掌握交通产业和旅游产业宏观层面所需的基础性专业学科知识，更要提升跨学科知识掌握能力，加强交通、旅游、文化、体育等不同专业间的相互渗透与联系，掌握多学科视野，打通专业壁垒，培养适应时代发展的复合型交旅人才。同时，还应加强语言能力的提升，注重国际型人才的培养。三是关注新技术运用能力要求。随着科技的不断发展，交通和旅游领域对新兴科技的应用有了更高的要求，这也对交旅人才的培养提出了更高的标准，要在深刻把握交通和旅游领域关键技术要素的基础上，提升对新技术、新业态的掌握能力，比如视频处理能力、数据分析能力、创新策划能力、新技术运用能力等。

五 交通运输新业态及规制政策转型

数字技术的快速发展催生了交通运输领域的新业态。交通运输领域新业态的出现,在理论和实践层面给我们提出了全新的挑战。如何应对这些挑战,尤其是如何顺应交通运输领域的新业态,适时转变规制政策,进行科学治理和监管,促进规范有序发展,不断满足人民群众对交通运输的新要求,是一个紧迫而重要的议题。

(一)引言

在数字经济与实体经济深度融合的浪潮下,对于综合交通运输体系建设而言,数字化转型是实现"人享其行、物优其流"的关键所在。从2019年9月《交通强国建设纲要》正式印发,到2020年3月"新基建"的提出，再到 2020 年 8 月《交通运输部关于推动交通运输领域新型基础设施建设的指导意见》，数字化、网络化、智能化已经成为推进交通运输提效能、扩功能、增动能的重要手段。2021 年年初，中国第一个综合立体交通网的中长期规划纲要——《国家综合立体交通网规划纲要》明确指出，到 21 世纪中叶，全面建成现代化高质量国家综合立体交通网，拥有世界一流的交通基础设施体系，交通运输供需有效平衡、服务优质均等、安全有力保障；新技术广泛应用，实现数字化、网络化、智能化、绿色化；出行安全便捷舒适，物流高效经济可靠，实现"人享其行、物优其流"，全面建成交通强国。由此可见，在未来交通行业的发展过程中，数字化将是行业高质量发展的重要特征，也是现代综合交通运输体系的关键要素。

推进交通数字化转型，最重要的是转变发展理念、强化科技赋能，通过数字化推动交通发展质量变革、效率变革、动力变革。这十多年来，共享经济逐渐成为席卷全球、深刻影响中国发展的服务业态，在推进供给侧改革和创新发展战略、促进社会资源有效利用等方面发挥着重要作用。[1] 网约车是交通运输产业和新技术结合产生的重要新业态之一，也是共享经济领域

---

[1] 刘奕、夏杰长：《共享经济理论与政策研究动态》，《经济学动态》2016 年第 4 期。

最为成功的商业模式创新。网约车满足了人民群众对美好生活的向往和消费升级需求,在受到消费者热烈追捧的同时,也使现行的监管体系面临全方位挑战。[1]本章以网约车为例,在回顾行业发展现状、系统分析市场竞争格局及政策成因的基础上,探索数字化背景下综合交通运输体系发展面临的新问题,并对规制政策转型提出相应的政策建议。

(二) 网约车行业的发展现状

大多数耐用品的所有者使用它们的时间远远少于100%,这种利用率不足会产生多余的容量,可以出租。产品、服务和人才闲置时浪费了价值,这种浪费的价值是共享经济的重要资源,也是市场机会。基于共享的业务模型和组织着眼于利用这些过剩容量。从需求侧看,非所有者愿意使用该商品,但不足以购买该商品,这就产生了共享和再利用商品和服务中过剩容量或未使用价值的需求。共享经济是指利用互联网等现代信息技术,以使用权分享为主要特征,整合海量、分散化资源,满足多样化需求的经济活动总和。[2]

---

[1] 王仁和等:《平台经济的敏捷监管模式——以网约车行业为例》,《中国科技论坛》2020年第10期。
[2] 朱格锋:《共享经济高质量发展研究》,博士学位论文,江西财经大学,2021年。

近年来，以 Airbnb 和 Uber 为代表的共享经济商业模式在全球范围内的成功和扩散，成为近十年信息革命发展的最大亮点。2014 年被 Inc. 杂志称为共享经济年，Airbnb 更是荣获了年度企业称号。共享经济拉开了一切物质和人力的、时间和空间的、有形和无形的、商业和非商业的资源进行分享的序幕。[①] 作为一种通过在线中介平台在点对点（P2P）之间共享未充分利用资源使用权的经济模式，共享经济正深刻地改变着我们创造价值的方式。

1. 共享经济市场总体情况

近年来，中国共享经济市场交易规模平稳增长。根据国家信息中心数据，中国共享经济市场交易规模由 2016 年的 34520 亿元，增长到 2021 年的 36881 亿元（见图 5-1），市场规模增加了 6.8%。从增速来看，2021 年中国共享经济市场规模同比增长 9.2%，在新冠肺炎疫情影响下实属不易。从参与人数看，截至 2020 年中国共享经济参与者约为 8.3 亿人，其中服务提供者约为 8400 万人，平台企业员工数约为 631 万人。

[①] G. Zervas, D. Proserpio, J. Byers, "The Rise of the Sharing Economy: Estimating the Impact of Airbnb on the Hotel Industry", *Journal of Marketing Research*, No. 54, 2017.

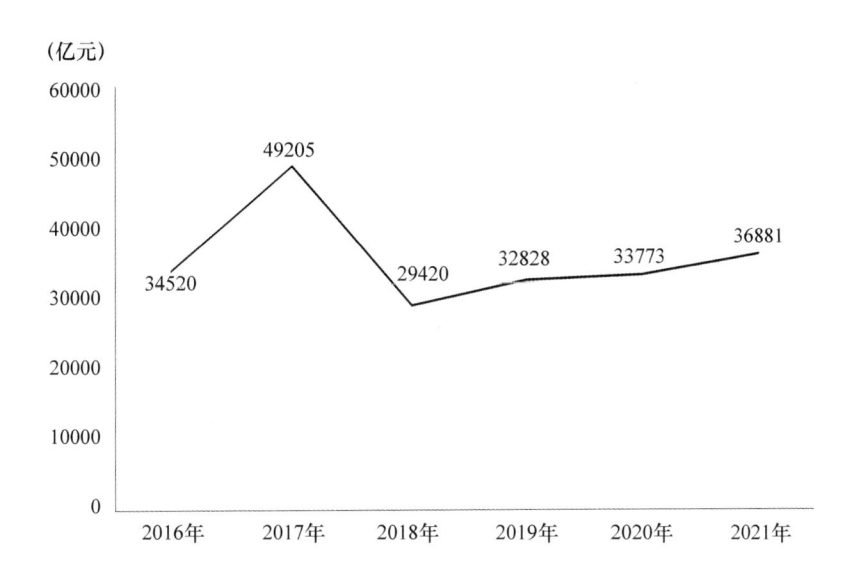

图 5-1 2016—2021 年中国共享经济市场交易规模变化

2. 共享经济市场结构分析

从市场结构来看，生活服务、生产能力、知识技能①、交通出行领域共享经济交易规模位居前四，分别为 17118 亿元、12368 亿元、4540 亿元、2344 亿元，占比分别为 46.41%、33.53%、12.31%、6.36%（见图 5-2）。共享办公、共享住宿和共享医疗领域的市场份额则较小，占比分别为 0.57%、0.41% 和 0.40%，市场交易规模尚在 200 亿元上下浮动。从增速来看，除共享住宿领域外，其余领域在 2021 年都实现同比正增长。其中，办公空间、生产能力、知识技

---

① 指的是威客（Witkey），把个人分散、盈余的知识技能在互联网平台上集中起来，通过免费或付费的形式分享给特定的个人或机构。

能领域的增速较快,分别为26.2%、14%、13.2%。受新冠肺炎疫情反复等因素影响,共享住宿领域市场交易规模同比下降3.8%。

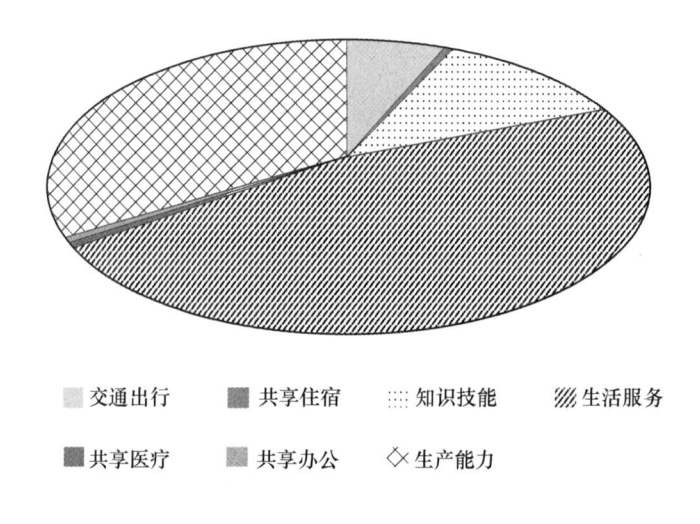

■ 交通出行　■ 共享住宿　▨ 知识技能　▨ 生活服务
■ 共享医疗　■ 共享办公　◇ 生产能力

图5-2　2021年中国共享经济市场结构

3. 网约车市场规模的增长情况

具体到共享交通领域,近年来在市场需求和政策环境的双重影响下,网约车市场呈现出剧烈变动的态势。2015年共享交通市场交易规模为1000亿元,这一数字在2016年急剧增长到2038亿元,比2015年增长了104%。这样的增长态势随着2016年《网络预约出租汽车经营服务管理暂行办法》的出台戛然而止。随着《交通运输部办公厅关于维护公平竞争市场秩序加快推进网约车合规化的通知》的发布,网约车的市场规模近年来稳中有升,2021年市场交易规模达到2344亿元,同比增长3%(见图5-3)。

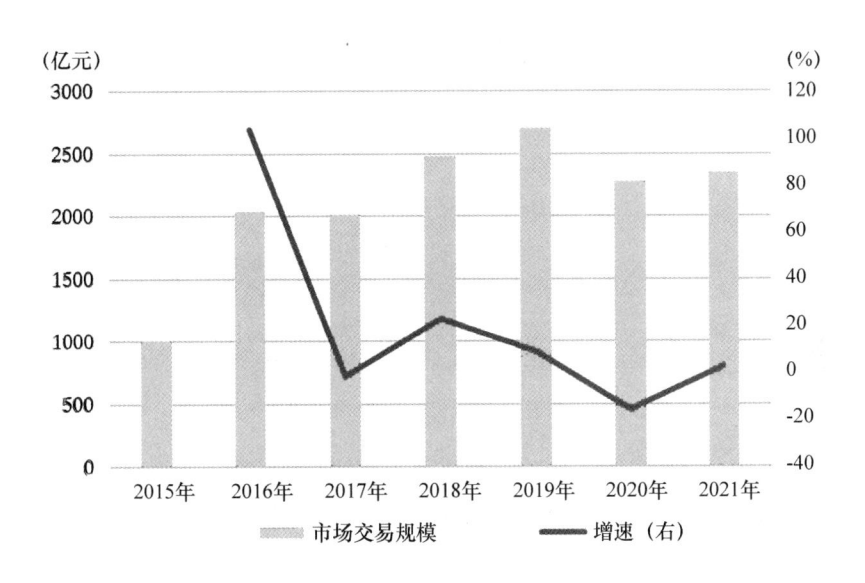

图5-3 2015—2021年共享交通行业市场交易规模变动情况

4. 网约车市场普及情况

从需求侧看,近年来共享交通行业的用户数显著增长,网约车用户规模从2015年的18094万人增加到2019年的顶峰(40512万人),其后因新冠肺炎疫情的影响在2020年显著下降,后又在2021年显著回升至39651万人,用户规模比2015年增长了1.19倍。网约车在网民中的普及率从2015年的26.3%增长到2021年的39.23%,远高于除外卖之外其他领域的普及程度(见图5-4)。

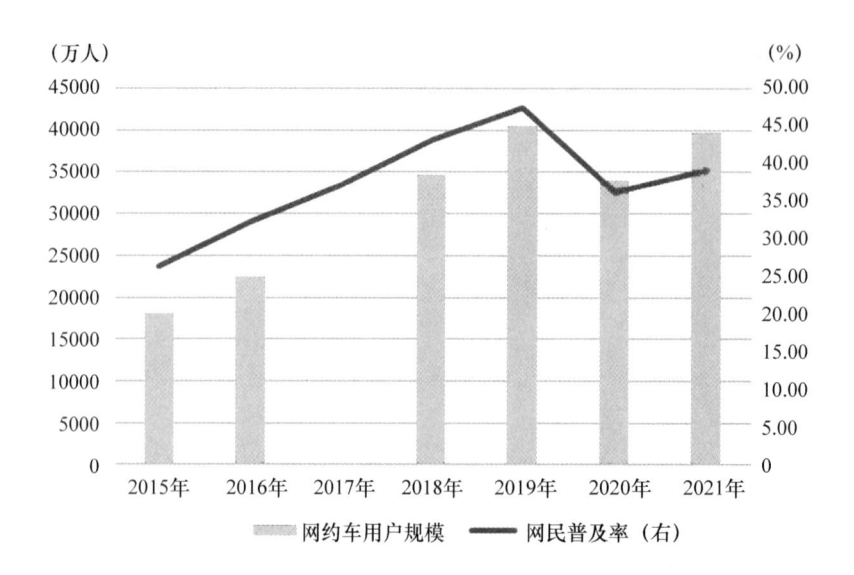

图 5-4 2015—2021 年共享交通领域用户规模及网民普及率变化

注：2017 年用户规模未公布。

资料来源：国家信息中心。

共享经济新业态新模式是服务业转型发展的重要推动力，对优化服务业结构、推动服务业快速增长、促进消费方式转变和升级的作用越来越明显。2015—2019 年，网约车客运量占出租车总客运量的比重从 9.5% 提高到 36.5%；其后受新冠肺炎疫情及合规的双重影响有所回落，2021 年网约车客运量占出租车总客运量的比重约为 31.9%，比 2020 年减少 2 个百分点（见图 5-5）。

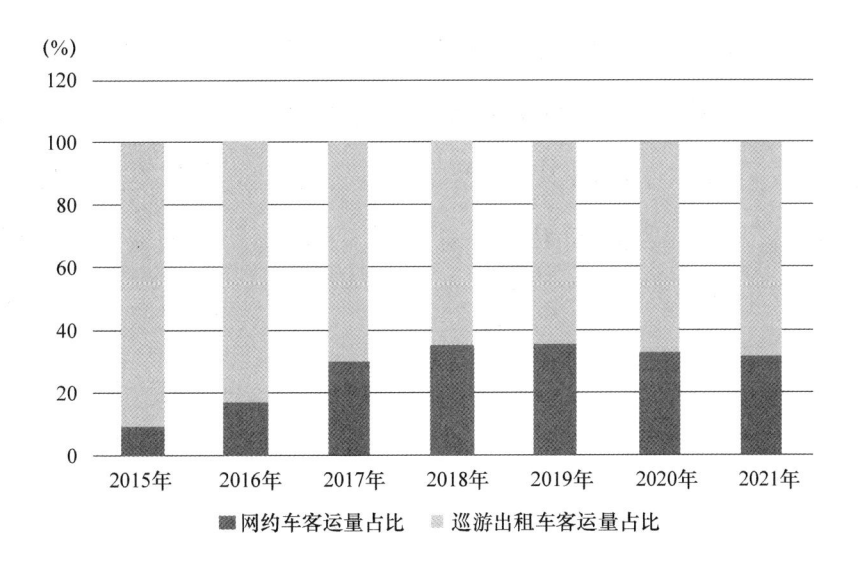

图 5-5　2015—2021 年网约车客运量占比情况

5. 网约车领域直接融资情况

受企业上市、行业监管政策和新冠肺炎疫情防控多重因素的影响,近年来网约车领域直接融资规模变动较大。以 2015 年直接融资 313 亿元为起点,网约车领域的直接融资规模迅速增长,在 2017 年达到 1072 亿元的高峰。[1] 随着网约车平台规模的急速扩张、用户基础的夯实和商业模式的日趋成熟,上市和公开市场募资日益成为共享交通行业融资的重要途径。然而,较低的合规水平成为横亘在网约车平台上

---

[1]《网约车市场重获资本青睐　行业能否迎来第二个春天?》,2021 年 11 月 30 日,海报新闻,https://baijiahao.baidu.com/s?id=1717837162459825449&wfr=spider&for=pc。

市路上不能绕过的槛。随着监管趋严，网约车行业的直接融资规模在2018年后迅速回落。根据国家信息中心发布的《中国共享经济发展报告（2022）》有关数据，2021年交通出行领域直接融资规模为485亿元，虽比2020年提升了221.7%，但仅为高峰时的45.2%（见图5-6）。

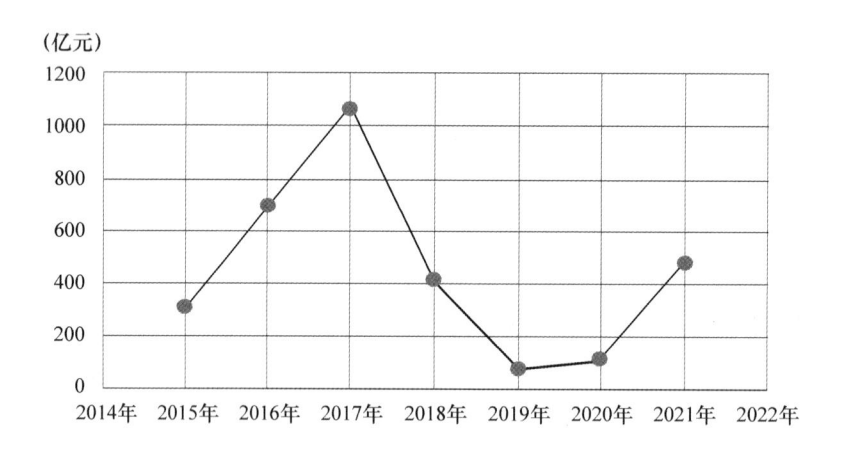

图5-6 2015—2021年交通出行行业直接融资规模变化情况

资料来源：国家信息中心：《中国共享经济发展报告（2022）》，2022年2月。

（三）网约车行业的市场竞争格局及成因分析

1. 网约车市场竞争格局分析

自2016年滴滴和优步合并以来，中国网约车市场一直处于"一超多强"的市场格局之中。近年来，传统车企、互联网企业的进入，加之"聚合出行"等商业模式创新，虽加剧了网约车行业竞争，但"一超"多年来的市场占有率始终在80%以上。全国网约车监管信息交互平台数据显示，截至2020年10月，全国共有207家网约车平台公司取得经营许可，单月订单总量超过100万单的平台共有8家；10月订单总量为6.3亿单，其中滴滴订单量为5.63亿单，市场份额接近90%。易观的报告也表明，10月网约车市场活跃用户共有10088.6万个，其中滴滴以7775.5万个用户占据第一，同属滴滴的花小猪以1916.1万个排名第二，远高于嘀嗒出行的676.69万个和首汽约车的261.74万个。从用户出行选择上看，96%的用户将滴滴作为网约车出行的首选品牌。可以说，在网约车市场上，滴滴一直占据着绝对的市场支配地位。2021年7月以来，滴滴被勒令停止新用户注册，App及旗下25款应用被下架，本有望改变一家独大的市场格局，但现有的网约车监管措施不利于推进市场主体多元化，导致网约车平台竞争只能通过"带车加盟"方式进行增量竞争而非存量竞争，"烧钱"补贴等行业乱象再起。为巩固网约车合规成果，交通运输部办公厅于2021年9月印发了《关于维护公平竞争市场秩序加快推进网约车合规化的通知》，要求各平台不得再新接入不合规车辆和驾驶员，加快清退不合规的驾驶员和车辆，这样的措施实质上进一步降低了撼动"一超"市场地位的可能性。①

2. 网约车市场竞争格局的政策成因

在市场经济体系下，良性合法的竞争是推动市场不断进步的动力之源。也唯有竞争，才会使企业专注于创新，不断提升服务质量。2021 年交通运输行业深化改革的一项重要任务就是加快形成统一开放、竞争有序的交通运输市场。目前，网约车监管体系尚存在一些不利于形成多元化市场格局的问题。

一方面，各地普遍实施的规模管控措施，客观上导致竞争的天平向存量大的一方倾斜。近年来，随着网约车数量的迅猛增长，加之网约车同出租车的强竞争关系，规模管控越发成为地方网约车规制的重要选项。其一，不少城市出台了网约车总量管控措施，如 2020 年哈尔滨分配网约车运力指标 6301 辆，银川将网约车投放数量控制在 3000 辆以内，广州市计划在 2020 年年末前仅新增 5000 辆巡游车、网约车营运指标等。指标配置并未匹配当前的车辆供给，导致合规率偏低。其二，自 2018 年 4 月南京市暂停受理网约车新增运力许可起，越来越多的城市暂停了新增运力的审批业务。对全国网约车监管信息交互平台的数据分析表明，进

---

① 刘奕：《以监管体系优化促进网约车行业健康发展》，《中国发展观察》2019 年第 19 期。

入 2021 年后，全国发放"三证"的速度明显放缓，其中发放网约车驾驶员证的月增速从 2020 年 11 月的 6.84% 降至 2021 年 7 月的 0.5%。各地的总量规模调控，推动网约车市场迅速进入存量时代，而这样的管控措施天然有利于滴滴这样的市场先行者，并为行业的后来者制造了更高的准入门槛。[①]

另一方面，"一人一车一证"的管理方式不利于合规运力的有效流动。许多城市的网约车管理实施细则规定，取得《网络预约出租汽车运输证》的车辆，不得同时接入两个或两个以上的网约车平台从事经营；持有网约车驾驶员证的司机，只能使用一台合格的车在一家持证平台登记注册并开展营运。目前司机转投新平台，需要到相关管理机构进行登记变更，过程非常烦琐，这让不少人望而却步。如果运营的车辆是从租赁公司租来的，由于租赁时已规定司机只能登记并运营单一平台的订单，若租赁期间转投或接单多家平台将被视作违约处理，需要缴纳一大笔违约金，转换平台更是难上加难。司机数量是网约车平台竞争的生命线，"一人一车一证"的规定使得众多合规运力失去了选择平台的自由，使得"强者恒强、一家独大"

---

① 刘奕：《以监管体系优化促进网约车行业健康发展》，《中国发展观察》2019 年第 19 期。

的市场格局更加难以撼动。①

（四）网约车监管体系：概述与问题

1. 网约车监管体系概述

2016年7月，交通运输部等七部门联合发布的《网络预约出租汽车经营服务管理暂行办法》（以下简称"网约车新政"）在正式赋予网约车合法地位的同时，也使得中国成为全球范围内第一个实现网约车合法化的国家。继而，各地的网约车规制细则相继出台，截至2019年8月，已有247个地级及以上城市以地方交通主管部门的规范性文件及地方政府规章的形式，完成了网约车地方立法。

网约车是洞察中国地方产业规制的重要窗口。从目前公布细则的城市来看，在244个完成立法的城市中，85%以上均涉及对网约车价格、轴距、排量的限制；超过半数的地级及以上城市对司机户籍、驾驶经验、服务次数、从业资格证都进行了明确的限制。高准入门槛客观上降低了网约车行业的供给能力，推动一部分从业者重新转回"地下"。相关调查表明，随着地方执法力度的加大，2018年3—7月，北京市网约

---

① 刘奕：《以监管体系优化促进网约车行业健康发展》，《中国发展观察》2019年第19期。

车应答率下降了22%，单均应答时长增加了3.4倍。在正确认识网约车服务特性的基础上，规范迅速增长的汽车共享市场，制定既有利于促进产业创新和提升民众福利，又有利于城市长远发展的共享出行规制措施，对于中国网约车行业乃至整个共享经济产业的发展至关重要。

2. 网约车监管体系存在的主要问题

（1）准入门槛过高

依据《国务院对确需保留的行政审批项目设定行政许可的决定》，出租汽车经营资格证、车辆运营证和驾驶员客运资格证由县级以上人民政府出租汽车行政主管部门核发，并未提及网约车；《中华人民共和国道路运输条例》设定的客运经营车辆许可条件为"与经营业务相适应并经检测合格"。尽管网约车新政对车辆准入条件的规定并未超出上述两个上位法的规定，但地方的实施细则增设了五花八门的准入条件，大大超出了行政许可条件的范围，普遍存在准入门槛过高的问题。152个城市对车辆轴距或车身距离做出了明确规定，其中超过114个城市要求车辆轴距大于2650毫米且排量大于1.6升；208个城市规定了车龄，其中169个城市要求车龄在3年（含）以内；136个城市要求车价超过10万元或者高于当地巡游出租车价格（见

表 5-1)。按照青岛对车辆价格和尺寸的要求，奔驰 C 级全级、宝马 3 系全系（截至最新改款前）和奥迪 A4L 这些裸车指导价在 30 万元以上的中高档 B 级轿车都不满足网约车的最低条件。北京、上海、天津、东营、枣庄、通化、赤峰、商丘和驻马店明确限定司机户籍，通化甚至要求司机必须具有市区户籍，已涉嫌就业歧视。[①] 本书基于滴滴出行服务满意度大数据，对

表 5-1　　　　全国 244 个城市车辆准入门槛梳理

项目	城市	具体门槛
轴距	156 个城市规定了轴距或车身距离	2650 毫米以下城市为 39 个，2650 毫米（含）—2700 毫米城市为 75 个，2700 毫米（含）以上城市为 39 个，此外广州、青岛直接规定车身距离
车价	142 个城市规定了车价或要求车价高于出租车	高于出租车价格的城市为 45 个，高于 10 万元（含）的城市 91 个
排量	111 个城市规定了耗油量或发动机功率	1.6 升以下城市 6 个，1.6 升（含）—1.8 升城市 60 个，1.8 升（含）以上城市 33 个
车龄	208 个城市规定了车龄	2 年内车龄 37 个城市，3—5 年车龄 164 个城市，6—8 年车龄 5 个城市
车载设备	206 个城市要求安装具有行驶记录功能的车辆定位装置和应急报警装置，安康、白山要求安装车内监控
营运性质	均需办理，满足各地车辆门槛并购买相关保险后提出申请

资料来源：根据各地公开文件资料整理。

[①] 冯苏苇：《出租车与网约车融合发展中的数量管制依据及影响因素》，《交通与港航》2017 年第 5 期。

网约车规制中户籍准入的合理性进行了初步分析。如图5-7所示，城市司机户籍占比同消费者的服务满意度打分并不存在相关关系，也就是说，拥有本地户籍并不意味着更高的服务质量。人为设置同服务质量和安全保障无关的严苛的准入门槛，不仅限制了乘客的自主选择权，还将对整个网约车行业的健康有序发展形成打击。①

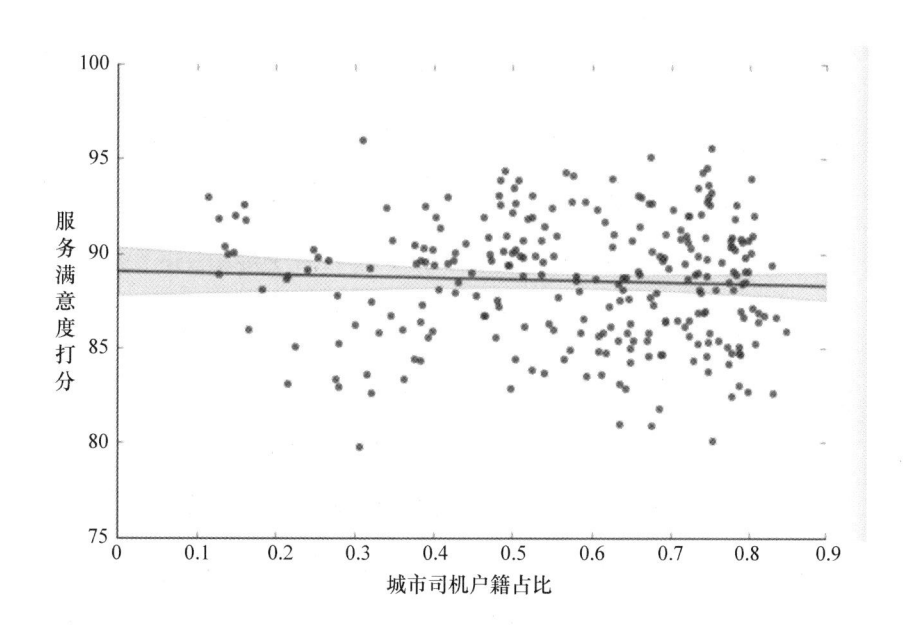

图5-7 基于订单大数据的司机本地户籍比例同服务满意度的关系

资料来源：笔者自制。

---

① 刘奕：《以监管体系优化促进网约车行业健康发展》，《中国发展观察》2019年第19期。

(2) 对传统监管手段的路径依赖

地方实施细则几乎均由当地交通管理部门起草，因而存在对出租车管理模式强烈的路径依赖，许多地方尝试将网约车这种新业态纳入传统的出租车管理框架，"旧瓶装新酒"的问题较为突出。247个城市出台的网约车实施办法均要求从事网约车业务的车辆须满足各地车辆门槛并购买相关保险后，在交管部门做行驶证变更使用性质登记，即由私家车变更为"预约出租客运"。营运性质的变更在导致车辆残值大幅贬损、报废年限大幅提前的同时，也将极大地提高车辆保险成本，从而影响兼职司机从事网约车运营的经济性和积极性。[①] 根据我们对典型城市及出租车企业的调查，转为营运车辆后，交强险和商业险保费接近翻倍，甚至高于巡游出租车（见表5-2）。此外，虽然在已有技术条件下，通过内置手机地图和App报警按钮已完全可以满足"实时定位、一键报警"的安全要求，但在网约车新政的约束下，208个城市要求网约车安装具有行驶记录功能的车辆卫星定位装置、应急报警装置，还有一些城市要求安装车内监控和计价器。[②]

[①] 蔡继明：《坚持包容审慎监管原则，促进网约车行业健康发展》，《中国人大》2018年第13期。

[②] 刘奕：《以监管体系优化促进网约车行业健康发展》，《中国发展观察》2019年第19期。

表 5-2 各代表城市三类车辆保险费（交强险+商业险）情况（单位：元）

	私家车	营运性网约车	巡游出租车
北京	4581	8918	8017
广州	5848	11867	11542
南京	5890	11081	10060
杭州	5075	10093	9801
成都	4862	9166	8881
金华	4549	9506	9326
平均值	5134	10105	9605

资料来源：各城市及出租车公司调研。

（3）合规过程中普遍存在玻璃门、弹簧门问题

在地方层面，平台合规不仅需要在相关城市获得经营许可（平台证），驾驶员和网约车还分别需要获得《网络预约出租汽车驾驶员证》（人证）和《网络预约出租汽车运输证》（车证）。在办理平台证方面，安庆、九江、扬州等 62 个城市要求在当地设立分公司并纳税，一些县级市还要求在当地办理平台证。设立分公司涉及人员招聘、办公室租赁、材料准备、政府沟通等诸多环节，如果将办证权限下沉到县级单位，平台的工作量之大难以想象；这还不考虑分公司设立后每年审计、工商税务年报、税务系统维护等工作。在办理车证方面，部分城市如沈阳、大连和哈尔滨实施总量控制；一些城市办证速度缓慢，并要求一刀切

全部清理未办证车辆后才允许继续办证，济南至今只发放了1000张车证。在人证办理方面，网约车新政重点强调的是对司机历史犯罪和交通违规行为的审查，但多数城市的网约车细则均将考试作为前置条件，而硬件上又不具备快速大量办证的条件。如金华公安对司机背景审查速度较慢，目前已积压大量待审司机。一些城市借网约车驾驶员资格考试和培训进行变相收费，大连和青岛司机培训考试费用分别高达738元和968元，金华和汕头则分别为500元和480元；一些城市在考试中设置难度较大的实操部分，如不参加指定机构的高价培训几乎无法通过。还有一些城市为网约车司机设置了很多奇葩考题，比如"黄宗羲是哪个朝代的、蝙蝠是哪个国家的吉祥物"，被参加考试的网约车司机吐槽"想开网约车必须上知天文、下晓地理"，深圳首场网约车司机考试通过率仅有7%。[①]

（五）数字经济背景下优化交通行业治理的原则：把握三个平衡

共享经济的交换和消费行为建立在人和人的联系上，无须发生所有权的转移；未来，超越所有权获得

[①] 周宵鹏：《共享经济立法滞后让监管维权难》，《法制日报》2017年4月30日。

产品和服务的活动将大幅增加、财产所有权的重要性进一步降低，所有权和使用权的分离将成为常态。[1] 为促进共享经济的合法化和规范化发展，政府治理应摒弃监管手段上的路径依赖，准确把握三个平衡，即网络效应同属地化管理的平衡、因地制宜同地方保护的平衡、简政放权同地方监管权限的平衡，尽快实现监管体系由"所有权本位"向"使用权本位"转变。

1. 网络效应同属地化管理的平衡

互联网所具有的时间泛在性、空间泛在性和主体泛在性，使得分布式的资源配置、协同型的价值网络和跨越空间的经济集合成为可能，打破了实体地域的经济集合概念。[2] 共享经济以平台化运营为前提，构造了一个超越地理空间和行政范围的交易空间，"一点接入、全网服务"是其最主要的特征；从技术上看，跨越行政边界将带来更高的匹配效率和规模收益，更多的机动车接入是平台进行大数据资源采集和运用的基本前提，从而对以属地监管为主的传统监管格局形成了巨大挑战。然而，出于维护本地利益格局、便利属地化管理的原因，地方立法的保护主义倾向更强，对

---

[1] 胡锦璐：《共享经济下的行政法治理研究》，博士学位论文，华东政法大学，2021年。

[2] 阿里研究院：《互联网+：未来空间无限》，人民出版社2015年版。

产业发展的危害也更大。地方政府倾向于沿用传统手段规制新兴行业，体现在试图将网约车纳入出租车监管框架，要求网约车必须转为营运性质才能合法运营，平台在本地设立分支机构或企业法人且在本地纳税，平台 24 小时不间断运营，保留对行业的数量管制和价格管制，排斥外地人和外地车提供网约车服务等；客观上为形成全国统一、公平有序的市场秩序造成障碍，也阻碍了网约车行业网络效应的发挥。

2. 因地制宜同地方保护的平衡

等级规模不同、地理位置不同的城市，由于其经济发展水平、交通状况及公共交通服务保障能力的不同，网约车的影响也可能天差地别，因此，因地制宜设置监管措施非常重要。我们基于城市样本的研究表明，网约车对地级以上城市交通拥堵和空气污染具有抑制作用，除特大城市外，其他城市理应在网约车发展上更宽容一些。然而实际操作中我们看到，一些城市的监管措施一方面体现出强烈的地方保护主义倾向，呈现出增设行政许可条件、排斥外地竞争等问题，如要求本地牌照、本地驾照、本地户籍，对不合规网约车的运动式执法等，泉州在规定中对网约车型进行了指定，保定甚至规定网约车主机厂必须是长城汽车公司。另一方面也呈现出低等级城市学习模仿高等级城市、自上而下监管力度层层加码的倾向，如佛山、广州、深圳明确规定，从事网约车行业必须使用新能源车辆；有 99 个城市则规定了最低油耗，有悖于节能减排的基本原则；还有一些城市规定必须使用新购车辆，这已经背离了共享经济将资源冗余容量重新分配利用的本质。共享经济平台"一点上线、全网服务"的特性使得其对资源的聚集效应更强，平台企业增值税主要在总部所在地缴纳，不设立分支机构则意味着税源的流失，对本地的传统出租车行业及相关利益格局也将造成冲击。由此，出于保护本地税源、维护本地就业和维持本地利益格局等考虑，网约车规制中地方保护主义倾向更强，排斥外来竞争、阻碍平台在本地落地的意愿也更强。

3. 简政放权同地方监管权限的平衡

中央政府认为网约车规制属于地方事务，因而网约车新政在给予网约车平台合法化身份的同时，也将规制的大部分权力下放到了地方政府。网约车新政规定，车辆的具体标准和营运要求由相应的出租车行政主管部门按照高品质服务、差异化经营的发展原则，结合本地实际情况确定。中央政府此举意在放开束缚市场主体的"无形锁链"，把政府伸得过长、管得过多的"有形之手"收回来，充分释放市场活力，鼓励地方在对新兴业态监管上的政策创新，是放管服改革重要的成果之一。而现实情况是，央地两级的监管模式并未能织密网约车的制度之网，全国性准入标准的缺位反而给地方监管越位留下了很大的操作空间，一些城市为了分摊合规的职责和压力，将办证职能已经下放到了区县。地方网约车监管中存在的"放管服"难题，如重车辆、人员、平台准入资格的事前审批，要求驾驶员考试上岗，在驾驶员信用、网约车服务质量等方面缺乏事中事后监督等，正是地方监管者规制理念落后于共享经济市场需求的结果，许多监管措施远远超越地方政府的行政权限。从实施效果来看，这些审批制的规制手段扭曲了市场机制、增加了企业运营成本，容易诱发权力寻租，因而迫切需要从中央层面对地方政府出台细则给予原则性指导和约束。

（六）优化网约车行业监管的政策建议

基于大数据的定量研究表明，滴滴快车和专车的开通，对于城市空气污染具有显著的抑制作用；对于地级以上城市而言，城市等级越低则影响程度越大；网约车主要通过减少私人汽车购买、满足消费者对高质量出行方式的需求来减少空气污染。从降低空气污染的角度出发，应对网约车行业在提高资源利用率、促进中心城市可持续发展中的作用予以充分肯定。现行监管体系同网约车特性的不适应，使得整个行业面临"严格立法、普遍违法、选择执法"的窘境。为破解网约车规制"一管就死、一放就乱"的监管困境，建立适应新服务新模式技术经济特性的监管体系，应坚持包容审慎的监管理念，在坚守保障乘客生命和财产安全底线的基础上，强化公平竞争审查，适当提升共享经济资质和资格等事宜的立法层级，及时研究取消和调整不合时宜的规制手段，推动网约车行业的多元化治理，以政策供给和监管制度重构为网约车行业的健康有序发展提供助力。

1. 适当提升涉及网约车资质和资格等事宜的立法层级

执行性是部门规章规定的核心属性。网约车行业包含若干技术、模式和理念的颠覆性创新，由执行性为主的地方部门规章进行规制，在规范性基础上并不稳固。[①] 党的十八届四中全会提出，应主动适应改革和经济社会发展需要，立法和改革决策相衔接。共享经济具有"一点接入、全网服务"的特点以及公众广泛参与的特性，对其资质资格的审核事项涉及公民、法人及组织如何运

---

① 张涛：《"放管服"改革下网约车新政的法治化审视》，《福建行政学院学报》2017年第4期。

用合法物权在平台上从事经营和交易活动的基本资格①，故而应属于《中华人民共和国行政许可法》中"应当由国家统一确定"的范围。因此，应推动地方立法边界重构，适当提升共享经济资质资格审查相关事宜的立法层级，尽快在中央层面通过制定网约车行业监管法或修订网约车细则等已有的行政法规，完善网约车资质资格许可的设定依据，将中央立法而非地方部门规章作为网约车行业发展的上位法基础。此外，还应参照互联网平台行政许可的经验，尽可能在更广阔的行政执法区域内保持行政执法规则和标准的统一，将共享经济行政立法的权力逐渐提级至省级以上行政机关，地方则侧重执法实施。根据《中华人民共和国立法法》的要求，省级以下行政机关可就涉及"城乡建设与管理、环境保护、历史文化保护"等方面的事项结合本地特殊情形做出规定，因而地方对网约车的立法权限应仅限于本地的特殊情形，如严寒地区对网约车在雪天安全驾驶必要装置的规定等。

2. 推动适应性治理，建立健全公平竞争的审查机制

针对地方网约车监管中出现的乱象，对各地已经出

---

① 张效羽：《互联网平台经济下地方立法边界的重构——以网约车立法为例》，《地方立法研究》2019年第3期。

台的网约车细则进行重新评估和修正势在必行。中央应督促地方落实国家相关公平竞争审查制度的精神，研究成立多部委组成的网约车公平竞争审查联席会，对地方网约车细则开展公平竞争审查，有序清理和废除妨碍统一市场和公平竞争的各种政策措施和规定做法，调整各地细则中与出行安全无关、同五大发展理念冲突的过高门槛限制，切实解决合规和"三证"办理过程中存在的玻璃门、弹簧门问题。各地也应按照国务院《关于在市场体系建设中建立公平竞争审查制度的意见》的要求，对网约车实施细则进行公平竞争审查，自觉取消没有上位法依据的限制性条款，着力避免因循旧办法管制新业态的情况，为网约车企业营造稳定、公平、透明、可预期的发展环境。需要注意的是，出租车行业的集体抵制和抗争威胁在很大程度上左右了地方网约车监管政策的走向。传统出租车行业与互联网的深度融合，将促使出租车行业的运营方式发生根本性变化，巡游出租车的占比将越来越小。故此，应摆正出租车和网约车的关系，着力推动出租车行业体制改革和监管模式变革，不断提升传统服务行业的运行效率和服务质量。

3. 加强动态监测和协同评估，实施智能监管和信用监管

为适应网约车平台扁平化组织、全国化运营的特

点，应着力转变监管理念、创新监管方式，以信息和技术为政府的监管赋能。第一，树立集中监管理念，升级属地化管理手段，取消各地市单独与平台数据对接的要求，由交通运输部建设覆盖全国、统筹利用、统一接入的数据共享平台。第二，推动政府监管由规范市场主体资格为主转向规范市场主体行为为主，更加重视过程监管和事后监管。统筹打通公安、交管、金融、征信等公共数据，建立涵盖个人犯罪、行政处罚、交通违法、负债、信用等信息的全国统一司机信用信息和车辆信息数据库，作为人车注册制的信息审核平台。第三，加强协同评估和信用监管。政府应侧重于发挥社会信用体系的制衡监管作用，制定对严重违法失信网约车经营者和驾驶员实施联合惩戒的备忘录，建立行业黑名单制度和市场退出机制。[1] 特别是，政府部门应与各互联网平台通力协作，通过汇总分析每个平台公司的用户画像和信用评价信息，构建一套全覆盖、全流程的权威大数据征信体系，借由多方协作的方式有效化解风险。[2] 第四，鼓励平台与保险公司合作开发适用网约车业态的新险种，比如费安玲等在参考美国 Metromile 保险公司与 Uber 合作推出的"分

---

[1] 王璐：《建立网约车监控平台和行业黑名单》，《经济参考报》2017年7月31日。

[2] 《交通部将建立网约车监控平台和行业黑名单》，《中国政府采购报》2017年8月4日。

时段＋按里程计费"保险模式基础上，提出在综合考虑车主的年龄、车型和驾车历史等情况的基础上，实行 App 开启时计费，在前往载客地点时依据保费加里程的模式计费，接到乘客后，按照商业保险模式计费，从而实现私家车自用与从事网约车服务时保费的区别计算及分别理赔。[①]

4. 着力破除合规运力流动的隐性壁垒，实施动态管制措施

随着网约车市场进入存量竞争时代，提升市场活力首先应让合规运力资源流动起来。我们的研究表明，共享经济环境下，消费者比传统电商情境下面临更多的风险，其对平台及服务提供方的信任会引发对平台的依恋，进而对消费者持续使用意愿产生显著影响。先入为主的头部平台在消费者选择方面存在先天优势，若政府再对已有合规运力实施各种限制，则会加剧市场垄断，不利于形成公平竞争、有序发展的市场格局。故此，应着力破除合规运力流动的隐性壁垒，通过动态管制、简化流程、竞争审查、降低门槛等方式，推动良性竞争市场格局的形成，促进网约车行业持续健

[①] 费安玲等：《北京市"网约车新政"影响力评估与法律分析》，《研究生法学》2018 年第 5 期。

康发展。[①] 对网约车的数量管制会使得供给偏离社会最优水平，造成全社会的福利损失。因此，需对网约车实施动态而非固定的数量管制，建议参照当地司乘等待时间差异，采用可变的弹性数量管制措施，并配合动态加价等市场手段在高峰时段激励车辆供给，使之成为出租车服务的有效补充。

5. 推动形成统一开放、竞争有序的市场体系

促进运力等要素的合理流动是推动形成统一开放、竞争有序网约车市场的关键环节。因此，须对转换平台过程中存在的不正当竞争行为进行规制，为司机变更平台提供便利。一方面，应破除合规司机转换平台的种种行政限制，简化变更流程，为资源有效流动提供便利条件；另一方面，应对网约车平台隐性不正当竞争行为实施专项调查。目前对于以租代买的网约车来说，在车辆租赁环节普遍存在的对转换平台的协议内容制约，以及网约车平台的养号、账号升级机制，属于为排挤竞争对手或独占市场而扰乱市场竞争秩序、损害其他经营者合法权益的行为。故此，应针对网约车领域存在的隐性不正当竞争行为开展专项整治行动，通过摸排协查、联合执法等方式对目前较为突出的违

---

① 蔡继明：《坚持包容审慎监管原则，促进网约车行业健康发展》，《中国人大》2018年第13期。

法行为依法予以查处，进一步净化网约车市场环境。此外，在各地建立起统一的网络预约出租汽车监管平台的前提下，已经能够实现对网约车的跨平台实时管理，"一人一车多平台"理应成为各地网约车监管的重要选项。

六 战略思路与对策建议

"十四五"是中国基本实现交通现代化、基本建成交通强国的起步时期。交通运输是国民经济中具有基础性、先导性、战略性的产业，是重要的服务性行业和现代化经济体系的重要组成部分，是构建新发展格局的重要支撑和服务人民美好生活、促进共同富裕的坚实保障。为此，我们有必要明晰中国综合交通运输体系发展的战略思路和产业政策，提出前瞻性和针对性的对策建议。

（一）政策回顾

1. 综合交通运输发展的政策逻辑

综合交通运输的政策逻辑可以通过比较优势、网络经济和系统涌现三个方面做出归纳和解释。[①] 首先，

---

① 张国强：《综合运输的政策逻辑和体制需求》，《综合运输》2014年第5期。

铁路、公路、水路、民航和管道等运输方式的发展是技术变迁和市场选择的结果。在交通运输发展过程中，各种运输方式形成了自身的技术和经济特点。一种运输方式的技术经济优势可能是另一种运输方式的经济劣势。综合交通运输政策制定过程中，应充分发挥具有技术经济优势的运输方式的作用，协调削弱具有劣势的运输方式的作用，促进帕累托改进。其次，综合交通运输发展可产生网络效应，影响其他运输发展。交通运输的网络效应，实际上是运输系统的组分所在系统中表现的涌现性。一方面，当交通运输线路形成网络时，运输系统才能发挥效用或最大化效用；另一方面，系统中的部分所具有的性能大于它不属于该系统时的效能。因此，制定综合交通运输政策应当充分考虑网络经济效应。网络经济的最大化，内在地决定了两个方面的互联互通：一是各种运输方式基础设施及运输服务供给的互联互通，二是城乡之间、城市市域、市域与国际运输的互联互通。最后，综合交通与运输发展需要综合比较优势和网络经济。综合交通运输不仅追求各种运输方式发挥运输供给的比较优势，实现局部最优，而且追求运输全过程各种运输方式之间的一体化，以及运输与经济、社会的一体化，实现全局最优。

政策制定逻辑和体制需求可以概括为表6-1。中国综合交通运输产业政策的制定应当立足综合交通运输发展阶段特征，结合产业发展形态，着力解决核心问题，切实提炼出政策制定的逻辑，最终配合相关部门的管理、协调等工作。

表6-1　　　　　　　　综合交通与产业政策的逻辑

发展阶段及目标	产业形态	核心问题	政策逻辑	体制需求
初级阶段：构建以基础设施发展为核心的运输网络	各种运输方式竞争发展，基础设施网络和运输市场处于成长期，建设主导，缺乏市场服务意识	基础设施瓶颈制约，运输供给短缺	政府发挥强主导作用，扶持和培育市场发展。不同运输方式的互补发展政策	行业管理部门主导，宏观经济部门协调
中级阶段：构建基础设施和优化运输结构，转型升级	各种运输方式快速发展，运输业投资需求旺盛，市场处于成长期，骨干网络逐步形成。市场服务意识觉醒和发育，转型升级需求出现	运输基础设施的互联互通，运输供给结构的优化调整	基础设施建设和公共交通资源配置中政府起主导作用，交通与土地使用融合；以运输供给为中心；转变发展方式	行业管理部门主导，但更注重宏观协调，管理职能的功能型整合，迈向准大部门管理体制
高级阶段：全局最优化的可持续发展	运输业高度技术化、信息化、网络化、智能化、市场化、运输市场成熟，社会服务意识成熟	捕捉运输业的技术和制度创新的动力	健全法制，宏观监管，实现交通与资源、环境、经济、社会协调发展；以提高服务质量为中心	跨部门重组的综合交通大部门体制；监管型、法治型和服务型政府

资料来源：张国强：《综合运输的政策逻辑和体制需求》，《综合运输》2014年第5期。

2. 中国综合交通运输相关政策回顾与评价

在介绍中国综合交通运输发展阶段时已经梳理了部分的产业政策。本部分主要介绍"十三五"时期以来的相关产业政策。如何促进综合交通运输优质高效协调发展，国务院及其相关主管部门非常重视，密集出台了许多政策措施。比如，2017年国家陆续出台多项政策法规以推动交通运输业的健康持续发展。综合运输业方面，为促进交通运输业绿色发展，交通运输部印发了《推进交通运输生态文明建设实施方案》；为适应交通运输业标准化发展需要，交通运输部和国家标准化管理委员会联合印发了《交通运输标准化体系》。铁路运输方面，为加快多式联运发展，印发了《"十三五"铁路集装箱多式联运发展规划》；为了进一步扩大交通有效供给、缓解城市交通拥堵、改善城市人居环境和优化城镇空间布局，国家发改委、住建部等五部门联合发布了《关于促进市域（郊）铁路发展的指导意见》。水上运输方面，为深入推进水运供给侧结构性改革，出台了《关于推进特定航线江海直达运输发展的意见》《深入推进水运供给侧结构性改革行动方案（2017—2020年）》等文件；为打造畅通安全绿色高效的珠江黄金水道，正式发布了《珠江水运科学发展行动计划（2016—2020年）》；为大力促进区域港口协调有序发展，浙江、江苏、广东等地纷纷出台港口航运领域政策规划。多式联运是综合交通运输的重要形式，有关部门非常重视这项工作。2016年年底，交通运输部等十八个部门发布了《关于进一步鼓励开展多式联运工作的通知》，对推动物流业降本增效和交通运输绿色低碳发展，完善现代综合交通运输体系具有积极意义。2018年9月，国务院办公厅印发了《推进运输结构调整三年行动计划（2018—2020年）的通知》，提出要以深化交通运输供给侧结构性改革为主线，以京津冀及周边地区、长三角地区、汾渭平原等区域为主战场，以推进大宗货物运输"公转铁、公转水"为主攻方向，不断完善综合运输网络，切实提高运输组织水平，减少公路运输量，增加铁路运输量，加快建设现代综合交通运输体系。

关于综合运输相关政策可以在交通运输部的官方网站"政策"栏目搜索，可以发现以综合运输为主题的政策较少，更多是专项政策、规划文件等部分内容涉及综合运输。这充分说明了综合交通运输产业政策制定势在必行，政策创新研究很有必要。这也是本书的目标和意义所在。

3. 产业政策推进综合交通运输发展的目标任务

在全面推动经济高质量发展阶段，综合交通运输发展应按照《"十四五"现代综合交通运输体系发展规划》的具体要求，围绕"交通强国"建设的目标，把贯彻落实"创新、协调、绿色、开放、共享"的发展理念放在综合交通运输体系长期发展的核心位置，以加快综合交通运输管理体制改革创新，高质量推进"安全可靠、便捷顺畅、经济高效、绿色集约和智能先进"的综合交通运输体系建设，树立大交通、大创新、大平台的战略思维，以有效的产业政策推进综合交通运输体系发展。一是加快综合交通运输产业的政策体系和发展模式创新，强化理念创新同战略规划对接、制度创新同管理体制对接、技术创新同运输效率对接，不断完善交通运输产业创新体制机制。二是进一步发挥区域综合交通运输的协调能力，加快提高区域路网互联互通和多式联运效率，全面打造城市群"一小时"生活圈，有效提升区域一体化运输服务水平。三是不断增强城市综合交通运输以"智慧绿色"引领的内生动力和活力，形成以科技创新为支撑的竞争新优势。

（二）战略思路

面对"十四五"的重要机遇期和新型城镇化、乡村振兴战略等重要趋势，中国要加快形成"安全、便捷、高效、绿色和经济"的综合交通运输体系。实现质量和效益的双提升，高质量推进"交通强国"发展战略，关键在于深化交通运输供给侧结构性改革，促进不同运输方式之间的高效对接，遵循如下战略思路。

1. 倒逼市场主体加快创新，夯实综合交通运输产业发展的动力基础

加快中国综合交通运输产业创新体制机制改革，以更大决心、更强力度、更实举措推进交通运输"放管服"改革。进一步深化交通"大部制"管理体制改革，完善统一开放、竞争有序的交通运输市场体系，优化营商环境，提高政策服务效率，强化竞争政策和产业政策对创新的引导，促进优胜劣汰，增强市场主体的创新动力。充分利用要素市场的倒逼机制，强化技术、环保、质量、安全、能耗、用地等指标约束，倒逼中国交通运输产业和企业提高创新的主动性，夯实综合运输产业发展的动力基础。[①] **市场主体创新是推动综合交通运输产业融合发展的重要动力，但市场的发展也需要有效治理和监督。故此，要加快构建协同高效的治理体系，建立综合交通运输协调联动机制。扎实推进"放管服"改革，最大限度地释放行业发展

---

① 夏杰长：《我国综合交通运输创新发展的总体思路和对策建议》，《新经济导刊》2021年第1期。

活力。加快形成完备的法律体系、高效的法治实施体系、严密的法治监督体系和有力的法治保障体系，着力推进交通运输行业治理体系和治理能力现代化。

2. 引导创新资源进入新兴产业领域，挖掘"大交通"发展潜能

落实创新驱动战略，以"智慧绿色引领未来交通"为导向，引导创新要素向交通运输产业新兴领域聚焦，提高以科技创新为支撑的"大交通"的内生发展动力。着力开展交通运输关键核心技术攻关，鼓励和培育新业态规范发展，促进交通运输与互联网、大数据深度融合，推动交通运输与装备制造、通信信息、商贸流通等产业联动发展，利用技术创新和规模效应形成新的竞争优势。以新技术研发、关键领域突破为导向，促进综合交通运输产业链延伸，形成跨领域产业合作发展模式，从而推进交通发展由外延式扩张向内涵式增长转变，更加注重推进各种交通方式硬联通和软联通，充分发挥各种运输方式组合优势与整体效率，努力打造上中下游密切衔接、配套完善、具有科技创新支撑的"大交通"产业体系。[①]

[①] 夏杰长：《我国综合交通运输创新发展的总体思路和对策建议》，《新经济导刊》2021年第1期。

3. 培育驱动运输服务融合发展的核心载体，形成高效服务体系

瞄准"连而不畅""邻而不接"等问题，在多式联运、城市空间规划、交通治理等关键领域，逐步培育发展一批创新能力强、发展潜力大、市场影响广、具有可持续发展能力的"航母型"现代物流领军企业和城市交通运输规划服务平台，立足于现代物流园区、综合交通枢纽等驱动运输服务融合发展的核心载体，从而充分发挥各种运输方式的比较优势，促进综合运输体系内部协调、融合发展。交通运输既为人员便捷安全流动服务，也为商品物资流动和交互服务。面向未来，一是要推进出行服务快速化、便捷化。构筑以高铁、航空为主体的大容量、高效率区际快速客运服务，提升主要通道旅客运输能力。提高城市群内轨道交通通勤化水平，推广城际道路客运公交化运行模式，打造旅客联程运输系统。优先发展城市公共交通，鼓励引导绿色公交出行。推进城乡客运服务一体化，提升公共服务均等化水平，保障城乡居民行有所乘。加快出行方式的新业态和新模式创新发展，重点是推进交通运输与旅游融合发展，包括旅游专列、旅游风景道、旅游航道、自驾车房车营地、游艇旅游、低空飞行旅游等。规范有序发展共享交通，打造基于移动智

能终端技术的服务系统，实现出行即服务。二是打造绿色高效的现代物流系统。推动铁水、公铁、公水、空陆等联运发展，推广跨方式快速换装转运标准化设施设备，形成统一的多式联运标准和规则。完善农村配送网络，促进城乡双向流通。[①]

4. 提升区域交通协调能力，促进交通运输提质增效

充分发挥交通运输对国土空间开发保护的支撑引领作用，增强对实施区域重大战略、推动区域协调发展、全面推进乡村振兴的服务保障能力。面向未来，重点突出"一体化发展"建设思路，加快建设快速便捷的区域综合交通网络，重视城市内部轨道交通、公共交通等交通体系与区域性主干网络的衔接与换乘，改善机场、高铁等大型对外交通枢纽与轨交、公交等市内交通网络的高效联系，在提高综合交通系统性整合协调水平和层次性服务的基础上，改善与提升区域交通出行的整体效率和服务质量。同时，加快"一带一路"交通运输互联互通，持续提升国际运输便利化水平，形成陆海内外联动、东西双向互济的交通运输

[①] 《中共中央 国务院印发〈交通强国建设纲要〉》，2019年9月19日，中华人民共和国中央人民政府网站，http://www.gov.cn/gongbao/content/2019/content_5437132.htm。

开放格局。推进更深层次更高水平的双向开放，推动交通运输装备、技术、服务等"走出去""引进来"，在更高水平上融入全球分工体系，提升交通运输产业和企业的国际竞争力。①

5. 综合运用人工智能、大数据等前沿技术推动综合交通运输发展

交通是经济的脉络和文明的纽带，成为中国现代化的开路先锋。加快建设交通强国，必须把科技创新摆在更加突出的核心地位。"十四五"时期，中国交通运输领域力争在关键核心技术取得重要突破，推动前沿技术与交通运输加速融合，健全科技成果转化机制，加快构建适应建设交通强国需要的科技创新体系。② 人工智能和大数据既是综合交通运输的发展对象，也是综合交通运输发展的重要切入点。因此，加强人工智能、大数据等对综合交通运输的支持作用尤为重要，坚持《推进综合交通运输大数据发展行动纲要（2020—2025年）》所提出的"统

---

① 夏杰长：《我国综合交通运输创新发展的总体思路和对策建议》，《新经济导刊》2021年第1期。
② 《交通运输部 科学技术部关于印发〈交通领域科技创新中长期发展规划纲要（2021—2035年）〉的通知》，2022年3月25日，中华人民共和国交通运输部网站，https：//xxgk. mot. gov. cn/2020/jigou/kjs/202203/t20220325_ 3647752. html。

筹协调、应用驱动、安全可控、多方参与"原则，把数据作为生产要素落实到综合交通运输的基础支撑、共享开放、创新应用、安全保障、管理改革等重点环节，实施综合交通运输大数据发展"五大行动"，推动大数据与综合交通运输深度融合，有效构建综合交通大数据中心体系，为加快建设交通强国提供有力支撑。[①]

（三）对策建议

1. 推动基础设施联网优化，完善综合交通运输网络结构

加快建设综合运输大通道和综合交通枢纽，构建快速交通网、高效率普通干线网、广覆盖基础服务网，形成高质量立体互联的综合交通网络化格局。通过这些重大举措，提高综合交通运输网络效率，降低交通运输物流成本，便利人们出行。[②] 要按照综合运输通道布局，统筹不同层面运输需求，进一步完善综合交通运输网络功能结构，提升网络整体利用效率，提高综

---

① 夏杰长：《我国综合交通运输创新发展的总体思路和对策建议》，《新经济导刊》2021年第1期。

② 夏杰长：《我国综合交通运输创新发展的总体思路和对策建议》，《新经济导刊》2021年第1期。

合交通运输治理体系的现代化水平。① 提高大宗货物铁路、水路运输量，深入实施多式联运示范工程，推进港口集装箱铁水联运量持续增长，沿海及长江干线主要港口实现铁水联运信息交换共享，加强水陆衔接信息化、智能化。②

2. 深化体制机制改革，建立高效顺畅的管理体制

交通运输行政管理体制固有的弊病是阻碍综合交通运输体系构建、实现交通产业组织结构优化的制度性因素。目前，五种运输方式的规划、建设和运营管理，相互之间竞争多于合作，对于五种交通运输基础设施建设，各行业均存在扩大投资的冲动，并没有遵循综合运输体系优化的原则合理配置资源，导致重复建设，造成交通装备技术标准不一、各种运输方式难以一体化发展。可以说，管理体制方面政策改革滞后已成为制约行业发展和结构优化的根源性因素。必须建立高效顺畅的交通运输行政管理体制，将铁路、公路、民航、水运、管道的行政管理体制进行真正的整合，不但要在机构上进行整合，更要在各种运输方式的职能和发展管理上进行整合，

---

① 宋京妮等:《综合交通运输网络规划研究综述》,《世界科技研究与发展》2017年第2期。

② 夏杰长:《我国综合交通运输创新发展的总体思路和对策建议》,《新经济导刊》2021年第1期。

尤其要避免机构进行整合、业务管理维持原状的现象。加快推进综合交通运输体制机制改革,为交通运输业发展提供制度保障。

第一,健全法规制度体系。逐渐完善适应新时代经济社会发展需要的综合交通运输治理和监管体系。按照《中共中央 国务院关于加快建设全国统一大市场的意见》的精神要求,促进形成统一开放、公平竞争、规范有序的交通运输市场。

第二,深化综合交通运输体制机制、财政事权支出责任匹配、交通运输投融资等关键性改革,尽快建立起统一开放、竞争有序的交通运输市场体系,为实现综合运输协调发展、提高交通运输资源配置效率发挥重要的保障作用。

第三,加强政策创新协同。加快研究谋划交通强国建设的顶层设计和"施工方案",搭建交通强国建设的政策框架体系,形成政策合力。

第四,形成完善的产业政策结构体系。通过科学合理的产业结构政策促进各种运输方式协调发展,逐步实现各种运输方式无缝隙衔接和零距离换乘,研究制定多式联运等综合运输政策和标准规范以及实施交通运输产业结构调整专项资金扶持政策。[①]

[①] 夏杰长:《我国综合交通运输创新发展的总体思路和对策建议》,《新经济导刊》2021年第1期。

3. 探索多元化的筹融资，支撑综合交通运输发展

构建综合交通运输体系，当务之急是要扩大交通投资规模与提高交通运输供给能力和改善供给质量。不断深化交通运输基础设施投融资体制机制改革，遵循"政府主导、分级负责、多元筹资"的基本原则，构建交通运输投资、融资、建设、经营、偿债良性循环机制，为综合交通运输体系持续发展夯实基础。一是充分认识交通运输的外部性、先导性特点，健全政府主导的综合交通运输基础设施建设投资体系和公共财政保障制度，健全事权与支出责任相适应的政府投入体制，创新政府投资支持方式。二是充分发挥市场机制作用，不断拓宽融资渠道，引导和吸引更多的社会资本进入交通运输领域，推广政府和社会资本合作（PPP）模式，充分发挥交通产业投资基金的带动作用，积极利用资本市场及银行、保险等金融机构的资金。[①]

4. 促进科技协同创新，完善技术支撑政策

加快出台技术支持政策，强化交通运输技术进步作用，在交通运输发展的重点领域和关键环节，更大

[①] 杨裕瑛：《PPP 模式下交通运输基础设施建设投融资方式研究与创新》，《交通财会》2019 年第 1 期。

力度地采用新技术、新工艺和新材料,提高交通基础设施的建设水平和运输工具的生产制造水平,全面推进科技创新和信息化建设,加快转变交通运输发展方式,全面提升综合交通运输能力。一是突破综合交通运输系统与安全技术、重大交通基础设施核心技术。要以科技创新为引领,加快新技术攻关和推广应用,着力解决核心技术"卡脖子"难题。二是加快推进智慧交通建设,着力推进数字经济和共享经济创新发展,以模式、业态、产品、服务等联动创新来提升综合交通运输网络效率,构筑新型交通生态系统。三是针对目前中国在综合交通运输体系先进技术引进中"重硬件、轻软件,重引进、轻消化吸收再创新"的弊端比较严重,要加快建立引进消化吸收再创新联动体系,加强对先进综合交通运输技术引进和消化吸收再创新能力。四是完善科技创新机制,建立以企业为主体、产学研用深度融合的技术创新机制,鼓励交通行业各类创新主体建立创新联盟,建立关键核心技术攻关机制,跟踪新一代信息技术、人工智能、智能制造、新材料、新能源等世界科技前沿,加强对可能引发交通产业变革的前瞻性、颠覆性技术进行研究。[①] 五是完善

---

① 《中共中央 国务院印发〈交通强国建设纲要〉》,2019年9月19日,中华人民共和国中央人民政府网站,http://www.gov.cn/gongbao/content/2019/content_5437132.htm。

交通科技资金支持政策。不断拓展融资渠道，构建引进、消化、吸收和再创新的多元投入体系，实施鼓励先进技术引进消化吸收的财税政策，整合各类财政来源资金，设立消化吸收再创新专项。努力促进科技与金融结合，为消化吸收再创新提供必要的金融支持，不断完善创业投资机制和风险共担机制，促进技术研发成果快速转化为现实生产力。

5. 完善交通新业态监管，促进交通新业态规范有序发展

随着技术进步和商业模式创新，交通新业态不断涌现。比如，网约车、共享单车、汽车分时租赁和网络货运平台就是近几年出现的交通出行新业态和新形式，它们既满足了人们多样化的需求和出行的便利度，又对现行的交通运输监管体系提出了全方位挑战。从这几年对网约车治理的经验看，对待交通出行新业态，既不能简单沿用传统管理办法、用老政策管新问题，也不能听之任之，而是要有全新的监管理念、监管方法和监管政策。我们要以满足个性化、高品质出行需求为导向，推进服务全程数字化，支持市场主体整合资源，提供"一站式"出行服务，打造顺畅衔接的服务链，不断提高交通运输政务服务和监管能力，完善数字化、信息化监管手段，加强非现场监管、信用监

管、联合监管，实现监管系统全国联网运行。比如，针对网约车发展问题，要适当提升涉及网约车资质和资格等事宜的立法层级；推动预期治理，健全公平竞争的审查机制和运行机制；加强对这些新业态的动态监测和协同评估；调动各方力量，实行社会共治与监督；利用大数据实施智能监管和信用监管，提高监管的科学性和有效性。[①]

数字化背景下综合交通运输体系发展面临不少新问题。政府治理应摒弃监管手段上的路径依赖，准确把握"三个平衡"，即网络效应同属地化管理的平衡、因地制宜同地方保护的平衡、简政放权同地方监管权限的平衡。为破解交通出行数字化领域规制"一管就死、一放就乱"的监管困境，建立适应新服务新模式技术经济特性的监管体系，应坚持包容审慎的监管理念，在坚守保障乘客生命和财产安全底线的基础上，强化公平竞争审查，适当提升资质和资格等事宜的立法层级，及时研究取消和调整不合时宜的规制手段，推动行业的多元化治理，着力破除合规运力流动的隐性壁垒，以政策供给和监管制度重构为综合交通体系数字化发展提供助力。

---

① 刘奕：《以监管体系优化促进网约车行业健康发展》，《中国发展观察》2019 年第 19 期。

6. 加强智库研究支撑，深化基础理论和方法研究

目前，中国正处于综合运输交通体系的蓬勃发展时期，但其理论研究还较薄弱，尚未形成完整理论体系，难以指导规划和建设，因此需要系统地认识综合交通运输体系，研究其基础理论、客运需求、需求及供给层次、客运结构静态及动态发展趋势等一系列重大问题，建立相应的研究框架和理论体系，对推动中国综合交通运输规划和建设具有重要理论意义及实践指导意义。主要举措包括：一是建立多元主体参与的综合交通运输业智库联盟。整合专家库人才，通过对原有分散、企业多头参与的学会、协会进行整合，分别设立公路、铁路、民航、港航、航海、运输6个分会和1个专家咨询委员会。同时成立各地区的综合交通运输协会，承担行业协会的职能，成为政府联系行业、企业的桥梁纽带和参谋助手。从而聚集熟悉综合交通运输业的行业专家、知名学者和领军人才，覆盖综合交通运输的多个领域，把握现代综合交通运输行业最新发展趋势，按照国家对地方现代综合交通运输体系建设和发展的战略部署，针对地方实际，积极组织开展现代综合交通运输行业发展研究、专题论证和决策咨询工作，抢占科研创新高地，为交通强国建设提供智力支持。二是推动综合交通运输体系研究"引进来"。在全球对人才和资本创新资源激烈

争夺的背景下，为解决中国在综合交通运输领域本土创新技术、创新人才相对匮乏的问题，需将科技创新摆在发展全局的核心位置，完善创新生态系统的同时，在"引进来"上下功夫，有效地集聚、整合、利用国内外创新资源，方能补齐这一短板。鉴于此，需要中国积极与国际接轨，统筹"引进来"与"走出去"，提高综合交通运输研究的国际化程度。为更有效地推动综合交通与运输经济学研究，加强综合交通建设的国际学术合作交流并跻身世界领先研究领域，一方面依托共建或合作协议，选派相关科研骨干到国内外综合交通运输先进的科研院所交流锻炼，加强宏观性、前沿性、战略性研究人才的培养；另一方面建立交通重大建设工程科研人员交流机制，围绕重大工程建设选派科研人员依托工程开展相关科研工作，加强专业性、应用性、技术性工程科研人才的培养。此外，支持智库联盟和科研单位开展国内国际学术交流，坚持"走出去"与"引进来"相结合，通过"引进—吸收—消化—提升"的方式加快形成相关科研成果。三是推动综合交通运输体系研究"走出去"。在推动综合交通运输体系研究"引进来"的同时，还要立足中国在综合交通运输领域的研究优势，以学术人才、学术研究和学术出版"走出去"为径，讲好中国故事、传播好中国声音，构建中国在综合交通运输领域的话语体系，向世界展示中国经济理论成果，提升中国综合交通运输改革实践的世界影响力。推动中国综合交通运输人才和研究成果"走出去",旨在提升中国学者在该理论研究领域的整体地位和话语权,加强中国研究学界与世界各国经济学家之间的交流,增加国外学者对中国综合交通运输发展的了解,打造国外全面深入了解中国综合交通运输体系建设的窗口。此外,还要依托多种国际交流渠道,从"走出去"到"走进去"。在"走出去"过程中,还特别注重依托国际平台、海外学术交流的资源,最大限度地扩大"走出去"人才和研究成果的国际影响力,引起海内外业界、学界、舆论的关注,实现从"走出去"到"走进去"。通过这一系列传播、交流渠道,把既有的关于中国经济改革开放、发展伟大实践和中国经济学理论创新的成果向世界展示,为世界增长新动力和发展经济学提供中国的案例、素材和经验。

总之,要创新驱动、多管齐下,建立适应社会主义市场经济的交通运输产业组织形式,遵循客观经济规律和市场运行机制,加快综合交通运输产业的规划和组织实施,避免各种运输方式之间的过度竞争,最终形成优势互补、有机衔接、协调发展、互利共赢、全面进步的现代综合交通运输体系,力争全面实现交通强国的宏伟目标。

参考文献

一 中文文献

（一）著作

阿里研究院：《互联网＋：未来空间无限》，人民出版社 2015 年版。

高鸿业：《经济学基础》，中国人民大学出版社 2016 年版。

国家发展和改革委员会综合运输研究所：《中国交通运输发展报告（2018）》，中国市场出版社 2018 年版。

刘鹤、杨伟民：《中国的产业政策：理念与实践》，中国经济出版社 1999 年版。

沈志云：《交通运输工程学》，人民交通出版社 2003 年版。

唐建新、杨军：《基础设施与经济发展：理论与政策》，武汉大学出版社 2003 年版。

杨浩：《交通运输概论》，中国铁道出版社2009年版。

中华人民共和国国务院新闻办公室：《中国交通运输发展》，人民出版社2016年版。

中华人民共和国交通运输部编：《2014绿色交通发展报告》，人民交通出版社股份有限公司2017年版。

中南财经大学编：《经济科学学科辞典》，经济科学出版社1987年版。

（二）期刊文章

白重恩、冀东星：《交通基础设施与出口：来自中国国道主干线的证据》，《世界经济》2018年第1期。

卞元超、吴利华、白俊红：《高铁开通、要素流动与区域经济差距》，《财贸经济》2018年第6期。

蔡继明：《坚持包容审慎监管原则，促进网约车行业健康发展》，《中国人大》2018年第13期。

曹春明、陈忱、黄涛：《交通运输与旅游数据融合应用研究》，《交通世界》2020年第27期。

曾宪堂、严宏伟：《海南省环岛旅游公路交旅融合与智慧提升设计探讨》，《公路》2021年第7期。

柴建等：《中国交通能耗核心影响因素提取及预测》，《管理评论》2018年第3期。

常禹、张立本：《交旅融合综合信息服务平台设计与构建》，《信息记录材料》2021年第9期。

陈琨：《综合交通出行信息服务框架体系及建设模式》，《交通运输研究》2018年第3期。

陈明、王建刚：《综合与智能——德国综合交通运输体系和公路智能交通的启示》，《中国公路》2012年第2期。

陈胜蓝、刘晓玲：《中国城际高铁与商业信用供给——基于准自然实验的研究》，《金融研究》2019年第10期。

代娟：《湖北"交通+旅游"产业融合发展的趋势研究》，《当代经济》2019年第5期。

樊一江：《加快铁路集装箱多式联运发展 提高现代综合交通运输体系供给质量和效率》，《中国水运》2017年第9期。

费安玲等：《北京市"网约车新政"影响力评估与法律分析》，《研究生法学》2018年第5期。

冯苏苇：《出租车与网约车融合发展中的数量管制依据及影响因素》，《交通与港航》2017年第5期。

高翠等：《交通运输宏观管理政策发展与创新建议》，《综合运输》2020年第7期。

高翔、龙小宁、杨广亮：《交通基础设施与服务业发展——来自县级高速公路和第二次经济普查企业数据的证据》，《管理世界》2015年第8期。

宫斐：《高铁对广西城市居民旅游感知与行为的影

响》,《经济研究参考》2016年第25期。

郭凯明:《我国现阶段综合交通运输布局弊端分析》,《中国科技信息》2008年第15期。

郭向阳等:《"交旅"融合下旅游效率与高速交通协调格局研究——以长三角41市为例》,《地理研究》2021年第4期。

郭向阳等:《长江经济带快速交通系统对城市旅游生产率的影响效应分析》,《经济地理》2021年第12期。

郭小碚:《加强综合运输体系建设 推动内陆地区发展和开放》,《大陆桥视野》2014年第6期。

郭玥等:《交通强国背景下交旅融合发展——以大同市为例》,《综合运输》2021年第7期。

郭云:《关于日本综合运输体系的发展计划和方针政策》,《经济研究参考》1992年第Z2期。

郭照蕊、黄俊:《高铁时空压缩效应与公司权益资本成本——来自A股上市公司的经验证据》,《金融研究》2021年第7期。

胡伟:《交通运输与经济发展的良性互动》,《北方交通》2010年第8期。

胡希捷、赵旭峰:《40年交通运输改革开放实践》,《中国水运》2018年第11期。

胡希捷、赵旭峰:《中国交通40年》,《中国公路》2018年第15期。

胡晓娟、胡毅夫：《国内道路交通安全现状、原因及防治对策》，《工业安全与环保》2009年第10期。

黄睿等：《基于感知视角的交通和旅游融合发展影响因素与动力机制》，《中国名城》2021年第1期。

黄张凯、刘津宇、马光荣：《地理位置、高铁与信息：来自中国 IPO 市场的证据》，《世界经济》2016年第10期。

黄志凌、刘永宁、田野：《我国交通运输安全应急面临问题及发展趋势分析》，《安全》2018年第11期。

吉赟、杨青：《高铁开通能否促进企业创新：基于准自然实验的研究》，《世界经济》2020年第2期。

纪建奎、曲杰卿、赵国善：《开展交通运输信息化建设有效路径探究》，《运输经理世界》2020年第13期。

江媛等：《旅游交通融合发展研究——以福建省为例》，《综合运输》2021年第3期。

姜波：《"一带一路"全球化大潮下中国城市轨道交通产业发展再思考》，《都市快轨交通》2018年第1期。

姜文仙：《区域经济增长溢出效应的传输途径：一个分析框架》，《发展研究》2014年第9期。

蒋汉忠：《刍议大交通管理体制的研究》，《智能城市》2018年第17期。

蒋庆来、尹益文：《新能源汽车发展现状与展望》，

《汽车实用技术》2017年第11期。

来逢波、耿聪、王海萍：《交通基础设施投资对区域产业发展作用强度的差异性研究》，《东岳论丛》2018年第10期。

李国升：《交通运输经济管理实行市场化改革的必要性分析》，《中国商论》2017年第13期。

李涵、唐丽淼：《交通基础设施投资、空间溢出效应与企业库存》，《管理世界》2015年第4期。

李红宇：《我国城市公共交通市场化改革中的问题与对策探讨》，《财经界》（学术版）2015年第21期。

李建明、罗能生：《高铁开通改善了城市空气污染水平吗?》，《经济学》（季刊）2020年第4期。

李兰冰、阎丽、黄玖立：《交通基础设施通达性与非中心城市制造业成长：市场势力、生产率及其配置效率》，《经济研究》2019年第12期。

李磊等：《风景道的交通文化价值：挖掘、整合与重构——以哈密东天山风景道规划为例》，《公路交通科技》2020年第S1期。

李齐丽等：《新时期"服务区+旅游"发展模式及功能定位》，《交通节能与环保》2021年第2期。

李天籽、王伟：《网络基础设施的空间溢出效应比较研究》，《华东经济管理》2018年第12期。

李文国、白其鹭：《近30年中国综合交通运输体系演进分析》,《未来与发展》2011年第1期。

厉无畏、王慧敏:《产业发展的趋势研判与理性思考》,《中国工业经济》2002年第4期。

梁双陆、崔庆波:《中国沿边开放中的交通枢纽与城市区位》,《经济问题探索》2014年第11期。

林荣杰:《基于交通旅游融合的大数据应用框架研究》,《中国公路》2020年第22期。

刘安乐等:《滇中城市群交通网络与旅游业耦合发展研究》,《世界地理研究》2017年第1期。

刘秉镰、刘玉海:《交通基础设施建设与中国制造业企业库存成本降低》,《中国工业经济》2011年第5期。

刘秉镰、武鹏、刘玉海:《交通基础设施与中国全要素生产率增长——基于省域数据的空间面板计量分析》,《中国工业经济》2010年第3期。

刘畅等:《我国铁路集装箱多式联运发展对策研究》,《铁道货运》2021年第7期。

刘冲、刘晨冉、孙腾:《交通基础设施、金融约束与县域产业发展——基于"国道主干线系统"自然实验的证据》,《管理世界》2019年第7期。

刘冲、吴群锋、刘青:《交通基础设施、市场可达性与企业生产率——基于竞争和资源配置的视角》,《经济研究》2020年第7期。

刘民权：《全球化中的中国中小企业：交通基础设施的作用》，《金融研究》2018年第4期。

刘生龙、胡鞍钢：《交通基础设施与经济增长：中国区域差距的视角》，《中国工业经济》2010年第4期。

刘生龙、胡鞍钢：《交通基础设施与中国区域经济一体化》，《经济研究》2011年第3期。

刘奕：《以监管体系优化促进网约车行业健康发展》，《中国发展观察》2019年第19期。

刘奕、夏杰长：《共享经济理论与政策研究动态》，《经济学动态》2016年第4期。

柳长立：《美国综合运输交通安全战略规划综述》，《交通与运输》1999年第6期。

龙玉等：《时空压缩下的风险投资——高铁通车与风险投资区域变化》，《经济研究》2017年第4期。

罗金阁、张博、刘嗣明：《粤港澳大湾区交通可达性与旅游经济联系空间关系》，《经济地理》2020年第10期。

罗仁坚：《我国都市综合运输系统存在的问题、挑战和建议》，《宏观经济研究》2009年第4期。

马光荣、程小萌、杨恩艳：《交通基础设施如何促进资本流动——基于高铁开通和上市公司异地投资的研究》，《中国工业经济》2020年第6期。

马佳：《扩大内需背景下交通可达性对城乡居民旅游消

费的增值效应》,《商业经济研究》2022 年第 3 期。

马勇、唐海燕:《交旅融合背景下高铁与旅游高质量协同发展研究》,《旅游学刊》2021 年第 12 期。

孟国连:《发达国家综合运输发展经验探析》,《商业经济》2013 年第 3 期。

年猛:《交通基础设施、经济增长与空间均等化——基于中国高速铁路的自然实验》,《财贸经济》2019 年第 8 期。

彭志敏、吴群琪:《中国交通运输业与旅游业融合态势的区域差异及空间格局演变》,《技术经济》2017 年第 12 期。

秦占欣:《航空运输业的产业特征与管制改革》,《北京航空航天大学学报》(社会科学版) 2004 年第 1 期。

饶品贵等:《高铁开通与供应商分布决策》,《中国工业经济》2019 年第 10 期。

荣朝和:《交通大部制应尽快转向综合运输政策管理》,《综合运输》2013 年第 10 期。

荣朝和、谭克虎:《综合运输:到了从制度层面根本解决的时刻》,《综合运输》2008 年第 1 期。

施庆利:《立足产业融合,培育新兴动能——山东省"交旅融合"形势及对策浅析》,《中国市场》2018 年第 16 期。

施震凯、邵军、浦正宁：《交通基础设施改善与生产率增长：来自铁路大提速的证据》，《世界经济》2018年第6期。

宋京妮等：《综合交通运输网络规划研究综述》，《世界科技研究与发展》2017年第2期。

苏靖棋：《德国铁路改革25年——联邦铁路局》，《现代城市轨道交通》2020年第5期。

孙彬等：《中国高速公路融资模式适应性分析及优化改进》，《中外公路》2013年第4期。

孙鹏博、葛力铭：《通向低碳之路：高铁开通对工业碳排放的影响》，《世界经济》2021年第10期。

孙浦阳、张甜甜、姚树洁：《关税传导、国内运输成本与零售价格——基于高铁建设的理论与实证研究》，《经济研究》2019年第3期。

孙文浩、张杰：《高铁网络能否推动制造业高质量创新》，《世界经济》2020年第12期。

孙晓东、林冰洁：《中国邮轮产业有形之手：政策创新与产业演化》，《旅游科学》2021年第6期。

唐宜红等：《中国高铁、贸易成本与企业出口研究》，《经济研究》2019年第7期。

宛岩：《德国低碳型多式联运模式对我国的启示》，《宁波工程学院学报》2013年第2期。

万俊斌：《高速公路服务区发展的经验与启示》，《交通运输部管理干部学院学报》2019年第4期。

汪德根等：《区域旅游流空间结构的高铁效应及机理——以中国京沪高铁为例》，《地理学报》2015年第2期。

汪佳绮：《德国的城市交通体系》，《山东交通科技》2010年第6期。

王朝辉：《产业融合拓展旅游发展空间的路径与策略》，《旅游学刊》2011年第6期。

王春杨等：《高铁建设、人力资本迁移与区域创新》，《中国工业经济》2020年第12期。

王福和等：《基于交旅融合发展新需求的广西浦北至北流高速公路服务区建设探讨》，《公路》2020年第10期。

王灏：《加快PPP模式的研究与应用推动轨道交通市场化进程》，《宏观经济研究》2004年第1期。

王俊：《我国交通基础设施市场化的演进与创新》，《改革与战略》2015年第7期。

王仁和等：《平台经济的敏捷监管模式——以网约车行业为例》，《中国科技论坛》2020年第10期。

王微：《综合交通运输体系新起点》，《中国公路》2017年第8期。

王旭：《美国集装箱多式联运发展的启示与思考》，《铁道运输与经济》2016年第5期。

王兆峰、石献：《武陵山片区旅游业与交通协同发展研究》，《经济地理》2016年第2期。

吴传强、梁楠、徐可：《基于大数据技术的智慧交通场景应用》，《中国自动识别技术》2021年第6期。

吴娇蓉等：《综合交通运输体系五年发展规划编制解析》，《城市交通》2015年第6期。

吴群锋、刘冲、刘青：《国内市场一体化与企业出口行为——基于市场可达性视角的研究》，《经济学》（季刊）2021年第5期。

吴媛媛：《我国机场综合交通枢纽发展问题思考与建议》，《中国战略新兴产业》2018年第44期。

夏杰长：《我国综合交通运输创新发展的总体思路和对策建议》，《新经济导刊》2021年第1期。

谢呈阳、王明辉：《交通基础设施对工业活动空间分布的影响研究》，《管理世界》2020年第12期。

谢雨晴、张泽义：《交通基础设施与中国区域经济协调化发展思考》，《当代经济》2020年第11期。

谢志明、陈海伟：《日本综合客运枢纽交通衔接设计经验及启示》，《城市交通》2016年第5期。

新华：《"十三五"现代综合交通运输体系发展规划强调：完善法规标准体系》，《工程建设标准化》2017年第3期。

徐凤、杨文东、朱金福：《国际视角下民航与高铁的竞合策略》,《经济研究导刊》2012 年第 25 期。

徐明、冯媛:《大规模交通基础设施建设与县域企业生产率异质性——来自"五纵七横"国道主干线的经验证据》,《经济学》(季刊) 2021 年第 6 期。

徐淑雨:《发达国家综合交通运输体系发展对我国的启示》,《公路交通科技》(应用技术版) 2017 年第 1 期。

徐文:《高度发达的加拿大交通》,《交通与运输》2010 年第 3 期。

徐颖、张淑萍:《论全域旅游背景下我国旅游风景道的建设发展》,《齐齐哈尔大学学报》(哲学社会科学版) 2022 年第 2 期。

许奇、何天健、毛保华:《我国铁路集装箱多式联运现状与发展》,《交通运输系统工程与信息》2018 年第 6 期。

宣烨、陆静、余泳泽:《高铁开通对高端服务业空间集聚的影响》,《财贸经济》2019 年第 9 期。

颜银根、倪鹏飞、刘学良:《高铁开通、地区特定要素与边缘地区的发展》,《中国工业经济》2020 年第 8 期。

杨国超、邝玉珍、梁上坤:《基础设施建设与企业成本管理决策:基于高铁通车的证据》,《世界经济》2021 年第 9 期。

杨立波、刘小明：《交通基础设施及其效率研究》，《道路交通与安全》2006年第6期。

杨文强、王伟：《昆山市交通运输与旅游产业融合发展研究》，《交通企业管理》2019年第6期。

杨新苗、王亚华、田中兴：《中国特色绿色交通城市发展战略与对策研究》，《城市发展研究》2018年第5期。

杨裕瑛：《PPP模式下交通运输基础设施建设投融资方式研究与创新》，《交通财会》2019年第1期。

姚红：《高铁开通对旅游消费的影响及其区域异质性研究》，《商业经济研究》2021年第6期。

殷平：《高速铁路与区域旅游新格局构建——以郑西高铁为例》，《旅游学刊》2012年第12期。

余泳泽、伏雨、庄海涛：《高铁开通对区域旅游业发展的影响》，《财经问题研究》2020年第1期。

张改平、罗江、荣朝和：《日本〈交通政策基本法〉及其对中国的启示》，《长安大学学报》（社会科学版）2014年第4期。

张广海、赵金金：《我国交通基础设施对区域旅游经济发展影响的空间计量研究》，《经济管理》2015年第7期。

张国强：《综合运输的政策逻辑和体制需求》，《综合运输》2014年第5期。

张华、冯烽：《绿色高铁：高铁开通能降低雾霾污染吗?》，《经济学报》2019年第3期。

张俊：《高铁建设与县域经济发展——基于卫星灯光数据的研究》，《经济学》（季刊）2017年第4期。

张涛：《"放管服"改革下网约车新政的法治化审视》，《福建行政学院学报》2017年第4期。

张天华、陈力、董志强：《高速公路建设、企业演化与区域经济效率》，《中国工业经济》2018年第1期。

张文新等：《城际高速铁路对城市旅游客流的影响——以南京市为例》，《经济地理》2013年第7期。

张效羽：《互联网平台经济下地方立法边界的重构——以网约车立法为例》，《地方立法研究》2019年第3期。

张勋等：《交通基础设施促进经济增长的一个综合框架》，《经济研究》2018年第1期。

张亚：《加拿大交通运输管理体制架构、职责及特点》，《交通建设与管理》2018年第4期。

张亚：《加拿大交通运输战略规划（2030年）重点及未来交通发展趋势简析》，《科技视界》2018年第23期。

赵光辉、李长健：《交通强国战略视野下交通治理问题探析》，《管理世界》2018年第2期。

赵金涛、刘秉镰：《我国综合交通运输管理体制改革探讨》，《经济问题探索》2005年第1期。

赵静、黄敬昌、刘峰：《高铁开通与股价崩盘风险》，《管理世界》2018年第1期。

赵丽丽、张金山：《交旅融合发展的机理、领域及未来趋势》，《中国公路》2021年第5期。

赵巍：《全球机场竞争力与中国枢纽机场发展分析》，《空运商务》2016年第7期。

郑大明：《城市综合交通运输体系对我国经济发展的影响——评〈城市综合交通运输体系发展与规划〉》，《现代城市研究》2021年第11期。

钟莉娜、李正欢、王军：《武夷山市旅游发展与景观格局演变的联动关系》，《经济地理》2022年第3期。

周扬胜等：《构建交通运输污染减排新体制新机制的思考》，《环境保护》2017年第5期。

周玉龙等：《高铁对城市地价的影响及其机制研究——来自微观土地交易的证据》，《中国工业经济》2018年第5期。

周正祥、刘海双：《湖南省综合交通运输体系优化策略》，《长沙理工大学学报》（社会科学版）2018年第5期。

朱向梅、张静：《黄河流域交通业与旅游业协同发展研究》，《科技和产业》2022年第2期。

诸葛恒英、齐向春、周浪雅：《美国铁路多式联运发展的启示》，《铁道运输与经济》2016年第12期。

诸竹君、黄先海、王煌：《交通基础设施改善促进了企业创新吗？——基于高铁开通的准自然实验》，《金融研究》2019年第11期。

（三）报纸文章

《湖南开放通道"五向齐发"汇聚内陆开放新动能》，《潇湘晨报》2022年3月15日。

《交通部将建立网约车监控平台和行业黑名单》，《中国政府采购报》2017年8月4日。

《中共中央政治局常务委员会召开会议》，《人民日报》2020年5月15日。

曹朝霞：《如何破解多式联运发展顽疾》，《现代物流报》2022年3月23日。

《建立网约车"黑名单"》，《新京报》2018年5月12日。

刘瑾：《销量连续7年居世界首位——新能源汽车有望加速增长》，《经济日报》2022年1月23日。

王璐：《建立网约车监控平台和行业黑名单》，《经济参考报》2017年7月31日。

周宵鹏：《共享经济立法滞后让监管维权难》，《法制日报》2017年4月30日。

（四）学位论文

陈垚：《交通基础设施对农村减贫的影响研究》，博士学位论文，兰州大学，2021年。

胡锦璐：《共享经济下的行政法治理研究》，博士学位论文，华东政法大学，2021年。

吴庆宇：《当代美国综合运输体系发展的经验与借鉴》，硕士学位论文，吉林大学，2006年。

朱格锋：《共享经济高质量发展研究》，博士学位论文，江西财经大学，2021年。

（五）电子文献

《2019年交通运输行业发展统计公报》，2020年5月12日，中华人民共和国交通运输部网站，https://xxgk.mot.gov.cn/2020/jigou/zhghs/202006/t20200630_3321335.html。

《2020年交通运输行业发展统计公报》，2021年5月19日，中华人民共和国交通运输部网站，https://xxgk.mot.gov.cn/2020/jigou/zhghs/202105/t20210517_3593412.html。

《2021年中国电气化铁路市场现状和发展前景分析 未来电气化率有望达到89%》，2021年10月22日，前瞻经济学人网站，https://www.qianzhan.com/analyst/detail/220/211022-dd5f11e/.html。

《国务院关于印发"十三五"现代综合交通运输体系发展规划的通知》，2017年2月3日，中华人民共和国中央人民政府网站，http：//www. gov. cn/zhengce/content/2017-02/28/content_ 5171345. htm。

《国务院关于印发"十四五"现代综合交通运输体系发展规划的通知》，2021年12月9日，中华人民共和国中央人民政府网站，http：// www. gov. cn/zhengce/content/2022-01/18/content_ 5669049. htm。

《怀化市2020年国民经济与社会发展统计公报》，2021年4月15日，怀化市人民政府网站，http：//www. huaihua. gov. cn/huaihua/c115180/202104/e8e05f6f42d34fad93ad66d7bf710b90. shtml。

《交通运输部 科学技术部关于印发〈交通领域科技创新中长期发展规划纲要（2021—2035年）〉的通知》，2022年3月25日，中华人民共和国交通运输部网站，https：// xxgk. mot. gov. cn/2020/jigou/kjs/202203/t20220325_ 3647752. html。

《全国高速公路通车里程超13万公里》，2016年12月26日，中国交通新闻网，https：//www. zgjtb. com/zhuanti/2016-12/26/content_ 101814. html。

《网约车市场重获资本青睐 行业能否迎来第二个春天?》，2021年11月30日，海报新闻，https：//baijiahao. baidu. com/s? id = 1717837162459825449&wfr = spider&for = pc。

《习近平在省部级主要领导干部学习贯彻党的十九届五中全

会精神专题研讨班开班式上发表重要讲话》，2021 年 1 月 11 日，中共中央党校（国家行政学院）网站，https：//www.ccps.gov.cn/xtt/202101/t20210111_147076.shtml。

《中共中央　国务院印发〈国家综合立体交通网规划纲要〉》，2021 年 2 月 24 日，中华人民共和国中央人民政府网站，http：//www.gov.cn/gongbao/content/2021/content_5593440.htm。

《中共中央　国务院印发〈交通强国建设纲要〉》，2019 年 9 月 19 日，中华人民共和国中央人民政府网站，http：//www.gov.cn/gongbao/content/2019/content_5437132.htm。

二　英文文献

S. Page, *Transport for Tourism*, Routledge, 1994.

A. Banerjee, E. Duflo, N. Qian, "On the Road: Access to Transportation Infrastructure and Economic Growth in China", *Journal of Development Economics*, No. 145, 2020.

A. Holl, "Highways and Productivity in Manufacturing Firms", *Journal of Urban Economics*, No. 93, 2016.

A. K. Coşar, B. Demir, "Domestic Road Infrastructure and International Trade: Evidence from Turkey", *Journal of Development Economics*, No. 118, 2016.

A. Storeygard, "Farther on Down the Road: Transport

Costs, Trade and Urban Growth in Sub-Saharan Africa", *The Review of Economic Studies*, No. 83, 2016.

B. Faber, "Trade Integration, Market Size, and Industrialization: Evidence from China's National Trunk Highway System", *Review of Economic Studies*, No. 81, 2014.

B. Lamb, S. Davidson, "Practicing Responsible Tourism: International Case Studies in Tourism Planning, Policy and Development", *Tourism Analysis*, No. 2, 1996.

B. R. Holmstrom, J. Tirole, "The Theory of the Firm", Handbook of Industrial Organization, 1989.

C. Currie, P. Falconer, "Maintaining Sustainable Island Destinations in Scotland: The Role of the Transport tourism Relationship", *Journal of Destination Marketing & Management*, No. 3, 2014.

C. V. Martincus, J. Carballo, A. Cusolito, "Roads, Exports and Employment: Evidence from a Developing Country", *Journal of Development Economics*, No. 125, 2017.

D. Donaldson, "Railroads of the Raj: Estimating the Impact of Transportation Infrastructure", *American Economic Review*, No. 108, 2018.

D. Donaldson, R. Hornbeck, "Railroads and American Economic Growth: A 'Market Access' Approach", *The Quarterly Journal of Economics*, No. 131, 2016.

D. F. Heuermann, J. F. Schmieder, "The Effect of Infrastructure on Worker Mobility: Evidence from High-Speed Rail Expansion in Germany", *Journal of Economic Geography*, No. 19, 2019.

E. Ghani, A. G. Goswami, W. R. Ker, "Highway to Success: The Impact of the Golden Quadrilateral Project for the Location and Performance of Indian Manufacturing", *The Economic Journal*, No. 126, 2016.

E. Liu, "Industrial Policies in Production Networks", *The Quarterly Journal of Economics*, No. 134, 2019.

G. I. Crouch, "Demand Elasticities for Short-Haul versus Long-Haul Tourism", *Journal of Travel Research*, No. 33, 1994.

G. Zervas, D. Proserpio, J. Byers, "The Rise of the Sharing Economy: Estimating the Impact of Airbnb on the Hotel Industry", *Journal of Marketing Research*, No. 54, 2017.

J. Chew, "Transport and Tourism in the Year 2000", *Tourism Management*, No. 8, 1987.

K. Jameel, S. Boopen, "Transport Infrastructure and Tourism Development", *Annals of Tourism Research*, No. 34, 2007.

M. Givoni, "Development and Impact of the Modern High

Speed Train: A Review", *Transport Reviews*, No. 5, 2006.

M. Schiefelbusch et al., "Transport and Tourism: Roadmap to Integrated Planning Developing and Assessing Integrated Travel Chains", *Journal of Transport Geography*, No. 15, 2007.

N. Baum-Snow et al., "Roads, Railroads, and Decentralization of Chinese Cities", *Review of Economics and Statistics*, No. 99, 2017.

P. D. Fajgelbaum, S. J. Redding, "External Integration, Structural Transformation and Economic Development: Evidence from Argentina 1870 – 1914", *Social Science Electronic Publishing*, No. 40, 2014.

P. Kruaman, "Space: the Final Frontier", *The Journal of Economic Perspectives*, No. 12, 1998.

R. Jedwab, A. Moradi, "The Permanent Effects of Transportation Tevolutions in Poor Countries: Evidence from Africa", *Review of Economics and Statistics*, No. 98, 2016.

S. Aggarwal, "Do Rural Roads Create Pathways out of Poverty? Evidence from India", *Journal of Development Economics*, No. 133, 2018.

S. Alder, "Chinese Roads in India: The Effect of Transport Infrastructure on Economic Development", Meeting Papers Society for Economic Dynamics, 2016.

S. Asher, P. Novosad, "Rural Roads and Local Economic Development", *American Economic Review*, No. 110, 2020.

S. Gibbons et al., "New Road Infrastructure: the Effects on Firms", *Journal of Urban Economics*, No. 110, 2019.

S. J. Redding, M. A. Turner, "Transportation Costs and the Spatial Organization of Economic Activity", Handbook of Regional and Urban Economics, 2015.

T. Allen, C. Arkolakis, "The Welfare Effects of Transportation Infrastructure Improvements", National Bureau of Economic Research, 2019.

T. Berger, K. Enflo, "Locomotives of Local Growth: The Short and Long-Term Impact of Railroads in Sweden", *Journal of Urban Economics*, No. 98, 2017.

X. Ke et al., "Do China's High-Speed-Rail Projects Promote Local Economy? —New Evidence From a Panel Data Approach", *China Economic Review*, No. 44, 2017.

Y. Gao, W. Su, K. Wang, "Does High-Speed Rail Boost Tourism Growth? New evidence from China", *Tourism Management*, No. 72, 2019.

Y. Qin, " 'No County Left Behind?' The Distributional Impact of High-Speed Rail Upgrades in China", *Journal of Economic Geography*, No. 17, 2017.

夏杰长（1964— ），湖南邵阳人，经济学博士。中国社会科学院财经战略研究院副院长，中国社会科学院大学商学院副院长、教授、博士生导师。中国市场学会会长，国家发展和改革委员会服务业专家咨询委员会主任委员，中央网信办/商务部"数字贸易专家委员会"委员，国家发展和改革委员会"互联网+"专家咨询委员会委员，阿里巴巴集团学术委员会委员。主要研究领域为服务经济和产业发展。主持了多个国家社科基金重大项目、国家自然科学基金面上项目、国家高端智库和国家部委研究项目。出版多部学术著作，在《经济研究》《管理世界》《世界经济》《中国工业经济》等期刊发表多篇学术论文，在《人民日报》《光明日报》等报刊发表多篇理论文章，多部论著和研究报告获得省部级奖励。

刘维刚（1985— ），山东日照人，经济学博士。北京工业大学经济与管理学院副教授。主要研究领域为服务经济与产业组织。主持国家自然科学基金青年项目和中国博士后科学基金特别资助项目多项。合作出版了《全球生产下制造业与服务业融合发展研究》《创意经济：上海经济增长新动能》等著作。在《经济研究》《管理世界》《中国工业经济》等期刊发表十多篇学术论文。

刘奕（1980— ），陕西西安人，经济学博士。

中国社会科学院财经战略研究院服务经济与互联网发展研究室主任、研究员、博士生导师。国家发展和改革委员会服务业专家咨询委员会委员。主要研究领域为服务经济、服务创新与共享经济。主持了多个国家社科基金项目以及国家发展和改革委员会委托研究项目。在《中国工业经济》《经济学动态》《中国软科学》等期刊发表多篇学术论文,多部研究报告获得省部级奖励。多篇论文被《新华文摘》和中国人民大学复印报刊资料全文转载。